Ralf Junkerjürgen

Warum Winnetou wichtig war

Der Autor

Ralf Junkerjürgen ist Professor für romanische Kulturwissenschaft an der Universität Regensburg; Forschungsschwerpunkte: Film, Abenteuerliteratur und populäre Kultur.

RALF JUNKERJÜRGEN

WARUM WINNETOU WICHTIG WAR

SCHÜREN SHORTS

Bibliografische Information der Deutschen Nationalbibliothek
Die Deutsche Nationalbibliothek verzeichnet diese Publikation in der Deutschen Nationalbibliografie; detaillierte bibliografische Daten sind im Internet über
http://dnb.d-nb.de abrufbar.

Schüren Verlag GmbH
Universitätsstr. 55 | 35037 Marburg
www.schueren-verlag.de

Gestaltung: Erik Schüßler
Umschlaggestaltung: Wolfgang Diemer, Frechen
Druck: bookpress, Olsztyn
Printed in Poland
ISBN 978-3-7410-0486-5

Inhalt

Nie wieder, bei keinem James-Bond-Film oder anderen Großproduktionen habe ich eine solche Begeisterung im Mathäser-Filmtheater erlebt wie beim ersten Karl-May-Film.

Manfred Barthel, *So war es wirklich*

Gedenke noch bisweilen
der Knabenphantasie:
Einst über Meer und Meilen
flogst du in die Prärie.

Sie hält nicht nur die Spuren
von Huf und Mokassin, –
all deine Träume fuhren
mit übers Grasland hin ...

Günter Eich, *Fährten in die Prärie*

Indem ich dem Gemeinen einen hohen Sinn, dem Gewöhnlichen ein geheimnisvolles Ansehen, dem Bekannten die Würde des Unbekannten, dem Endlichen einen unendlichen Schein gebe, so romantisiere ich es. – Umgekehrt ist die Operation für das Höhere, Unbekannte, Mystische, Unendliche – dies wird durch diese Verknüpfung logaritmisiert. Es bekommt einen geläufigen Ausdruck, romantische Philosophie. Lingua romana. Wechselerhöhung und Erniedrigung.

Novalis, *Lolologische Fragmente*

Ceci est l'histoire d'un homme
marqué par une image d'enfance.

Chris Marker, LA JETÉE

Vorwort

Als ich im Herbst 2020 einige Drehorte der Winnetou-Filme in Kroatien besuchte, war ich so ergriffen von den Seen, Felsenhöhlen, Wasserfällen und karstigen Schluchten, dass ich noch während der Reise begann, Eindrücke davon festzuhalten. Hatte ich mir diese Landschaften zwar von Bildschirm und Leinwand bereits heruntergeträumt, so verflocht sich nun alles mit der Wirklichkeit und setzte dabei Erinnerungen frei, die schon lange nicht mehr aufgestiegen waren. Aus der zeitlichen Distanz wurde mir bewusst, welche große Rolle die Karl-May-Filme für die Bundesrepublik nach 1945 gespielt hatten, und beim Schreiben kamen immer mehr allgemeine Gedanken und Betrachtungen hinzu, die sich mit filmischen und biografischen Erinnerungen vermischten, sodass ein abenteuerlicher Text entstand, der weder Reisebericht, noch Essay, noch Erinnerungen, sondern alles zugleich erschien.

Die Generationen, die zwischen der Mitte des Jahrhunderts und den 1980er-Jahren geboren wurden, hatten Karl May und vor allem Winnetou und Old Shatterhand über die Filme als Heldenfiguren der Jugendzeit erlebt und ins emotionale Gedächtnis aufgenommen, selbst wenn diese gegenwärtig kaum eine Rolle mehr für sie spielen oder nostalgisch verklärt sind. Ab Anfang der 1960er-Jahre wurden die Blutsbrüder zu mythischen Figuren, die ihre scheinbare Unsterblichkeit einem Zaubertrank gebraut aus Leseerfahrungen, Kino- und Fernseherlebnissen, Hörspielen, Berichten der *Bravo*, unüberschaubar vielen Fan-Artikeln und Besuchen von Karl-May-Festspielen verdankten. Als wissenschaftlicher Überbau dieser beispiellosen Popularität entstand 1969 die Karl-May-Gesellschaft und erforscht seitdem das Werk des Schriftstellers, wobei dessen filmische und multimediale Präsenz eine eher geringe Rolle spielt.

In den 1990er-Jahren lässt diese Vitalität nach, deutlich daran erkennbar, dass Karl May langsam aus dem Präsenzangebot der Buchhandlungen verschwindet. Auch der enorme Erfolg der Parodie DER SCHUH DES MANITU im Jahre 2001 verwies darauf, dass der Winnetou-Mythos in eine neue Phase getreten war. Zwar sind Parodien immer auch eine Hommage, die von der Popularität eines Mythos leben. Beim Aufeinandertreffen von Pierre Brice und Bully Herbig auf dem Sofa von WETTEN, DASS …? im Oktober jenes Jahres prallten jedoch zwei Welten aufeinander. Denn Brice hatte sich Winnetou nicht nur zur Lebensaufgabe gemacht, sondern sah in ihm eine unantastbare Friedensfigur und wusste mit Herbigs schwulem Zerrspiegelbild nichts anzufangen. Als er am Ende der Sendung in die rosa Kutsche steigt, mit der Herbigs Winnetouch ihn von der Bühne fährt, sieht man ihm an, dass er die Welt nicht mehr versteht …

Der Blick auf Winnetou hatte sich verschoben. Der Mythos lebte zwar weiter, konnte aber in seiner alten Form offenbar nicht mehr reproduziert werden. So drehte RTL 2016 mit großem finanziellen Aufwand unter dem Obertitel WINNETOU – DER MYTHOS LEBT drei abendfüllende Fernsehfilme in Kroatien (an den «Originalschauplätzen», so die unsinnig-sinnige Werbung) und modernisierte den Stoff nach dem Vorbild von DER MIT

DEM WOLF TANZT: Realistisch, teilweise brutal, sexualisiert, mit Wolken statt mediterraner Sonne, herbstlich, am Ende sogar mit Schnee, in autochthoner Sprache und mit genderkorrekter Nscho-tschi als mächtiger Schamanin, die nicht mehr sterben muss, sondern Old Shatterhand heiraten und mit ihm eine Farm bewirtschaften darf. Und Winnetou? Der wird zum muskulösen Posterboy mit nacktem Oberkörper und fast zu einer Nebenfigur degradiert … Funktioniert hat das nicht. Der Dreiteiler hat nicht einmal in der Karl-May-Fangemeinde Spuren hinterlassen.

Der nächste öffentlichkeitswirksame Versuch, den Mythos umzuschreiben, wurde 2022 unternommen und hatte mit Karl May schlicht gar nichts mehr zu tun, sondern versetzte Winnetou ins Kindesalter zurück, um eine selbst erfundene Vorgeschichte zu erzählen. Der Film hieß DER JUNGE HÄUPTLING WINNETOU, war harmlos, vorhersehbar, ja sogar pedantisch darin, wie er mit erhobenem pädagogischen Zeigefinger, Werte zu vermitteln trachtete. Umso überraschender war, dass gerade dieser Kinderfilm Anlass zu einer heftigen Debatte gab, das heißt, es war eigentlich nicht der Film, über den eher wenig gesprochen wurde, sondern die Tatsache, dass der Spiele- und Kinderbuchverlag Ravensburger im August 2022 Beiprodukte – darunter das Buch zum Film und ein Puzzle – zurückzog, weil es auf Instagram Kritik an dessen angeblichen rassistischen und kolonialistischen Stereotypen gegeben hatte. Unmittelbar darauf kam es zu einer breiten Gegenreaktion, die bis in hohe politische Ämter hineinreichte und an die zwei Monate in Form von Presseartikeln anhielt. Die Karl-May-Gesellschaft hat die wichtigsten Stellungnahmen in einem Sonderheft gesammelt, und wer sich die Mühe macht, die über hundert Seiten O-Töne zu lesen, dem raucht anschließend der Kopf von den vielen klugen und weniger klugen Argumenten sowie den facettenreichen Perspektiven, die jede für sich Gültigkeit beansprucht. Bloß einig wurde man sich natürlich nicht.

Der vorliegende Text kann schon deshalb keine weitere Reaktion auf diese Debatte sein, weil er bereits früher begonnen wurde und als Antwort darauf sowieso viel zu spät käme. Ich möchte hier nicht argumentieren, sondern erzählen, denn Erzählungen sind stärker als Argumente. Sie bergen die Kraft, *alle* um ein Lagerfeuer zu versammeln, sowohl diejenigen, denen es ähnlich ergangen ist und die sich erinnern möchten, als auch jüngere Generationen, die kaum Verständnis für die Faszination jenes populären Mythos mehr haben, in Winnetou Stereotype am Werke sieht und den Häuptling endgültig in die ewigen Jagdgründe schicken möchte. Karl May und Winnetou werden hier weder verteidigt, noch verherrlicht, vielmehr soll verständlich werden, welche Wirkung die Filme und Bücher ab den 1960er-Jahren gehabt haben. Jetzt davon zu erzählen, hängt damit zusammen, dass der Mythos Winnetou offenbar erschöpft und in eine nostalgische Phase getreten ist, deren Noch-Vitalität sich vor allem den alternden Generationen verdankt, die davon geprägt wurden. Und was jetzt nicht festgehalten wird, läuft Gefahr, bald verloren zu gehen.

Um farbenfroh von Winnetou zu erzählen, muss die Figur durch das Prisma persönlicher Erlebnisse und Erinnerungen gebrochen werden. Nur dann erlaubt eine Erzählung auch eine Einfühlung, und die scheint mir unerlässlich zu sein, wenn man diese Zusammenhänge erfassen möchte. Wie in der Liebe so spielen auch im Erzählen Details eine entscheidende Rolle, darunter verstehe ich hier Einzelbeobachtungen zu den Figuren und den Filmen, über die man, so glaube ich, viel zu schnell hinweggegangen ist. Vielleicht wird allein durch die Mischung aus Erleben, Entdecken, Erinnern, Sehnsüchten und Gedanken das Wirken eines Mythos erkennbar, der wohl die wichtigste populäre Figur Deutschlands der zweiten Hälfte des 20. Jahrhunderts gewesen ist, und zugleich die einzige Fantasie, die Ost- und Westdeutschland miteinander teilten und die damit beide ein Stück zusammenhielt.

I

Der Schatz der Plitvicer Seen

Der Herbst kündigte sich an. Die Bäume am anderen Ufer ertönten schon im farblichen Dreiklang, auch wenn das Grün noch dominierte. Als ich mit der Fähre übersetzte, betrachtete ich die Nebelschwaden dicht über der Wasseroberfläche, die sich in den Strahlen der Sonne langsam verflüchtigten. Auf dem See war es bereits so morgendlich kühl, dass man die Jacke schließen musste. Das Tosen der kleinen Wasserfälle gegenüber war immer deutlicher zu hören, wurde aber noch vom Tuckern der Fähre übertönt. Keine Stimme erklang um mich herum, denn von den hundert Plätzen auf dem Boot, war nur einer besetzt. Meiner. Vorne beim Fährmann stand noch ein kleiner dünner Mann, der mit einer Greifzange und einem Beutel ausgerüstet war und schweigend eine Zigarette rauchte. Beim Anblick von Fotos dieser Landschaft hätten die Leute gemeint, ich sei zum Indian Summer an die *Great Lakes* gefahren. Aber da war ich nicht. Ich befand mich auf dem Kozjak, dem größten See von Plitvice in Kroatien.

Als wir am anderen Ufer landeten, drückte der kleine dünne Mann seine Zigarette aus und begab sich auf seine Runde. Für einen Moment beneidete ich ihn. Er machte jeden Tag seinen Spaziergang durch das Wunder dieses Nationalparks, um wie nebenbei den Müll aufzusammeln. Ich wartete einen Augenblick auf dem Steg, damit er Vorsprung gewinnen konnte, und ich das Gefühl hatte, ganz allein zu sein.

Dann ging ich den Holzsteg hinauf, mit dem der Rundgang begann und der direkt über das schäumende Wasser führte. Anstatt aus Brettern bestand der Steg aus oben abgeflachten armdicken Ästen, die sich der Feuchtigkeit lange widersetzen konnten. Zwischen den Ritzen sah man die schäumende Flut direkt unter sich und hatte an manchen Stellen das Gefühl, über den Wassern zu gehen. Dann trat mitunter plötzlich Stille ein und man stand an einem türkisblauen Teich, in dem mit einer Kalkhaut überzogene kahle Äste zu wachsen schienen, Korallen aus Gips. Das Wasser war so klar, dass einem schwindlig werden konnte, wenn man vom Steg in die Tiefe blickte. In meiner Fantasie steigerte sich das Astwerk im Wasser zu Mangrovenwäldern der Karibik, und in dieser bildlichen Übertreibung verspürte ich die erste Wirkung davon, so ganz allein in der Natur und fernab jeder Ablenkung zu sein. Die Welt erschien mir, wie sie mir als Kind erschienen war: Ähnlichkeiten verbanden alles mit allem, Dinge wuchsen über sich hinaus, die Wirklichkeit war nichts anderes mehr als Rohstoff der Fantasie.

Das Rauschen der zahllosen kleinen Wasserfälle, über die ich hinweg schwebte, begleitete ein innerer Rausch, aber sanft und ruhig wie ein Hochgefühl ohne fiebrige Spitzen. Inmitten dieses Tosens unter wolkenlosem Himmel, allein auf einem Steg, unter dem das Wasser alles wegspülte, dessen es habhaft wurde, schien es auch mich durch- und auszuspülen, als hätte ich einen Schluck aus der Lethe genommen.

Wir befanden uns mitten in der Pandemie, und die Gespanschaft Lika-Senj, zu der die Plitvicer Seen gehören, war als Risikogebiet eingestuft worden. Hier, wo sich im Sommer täglich elftausend Touristen im *stop and go* über die Stege schieben, um ihre Fotos von den Wasserfällen und Seen zu schießen, war niemand außer mir. Sechzehn Einzelseen, die eine langgezogene Treppe bilden und sich einer in den anderen ergießen, lagen verwaist da wie ein evakuierter Wasserplanet. Vom Kozjak-See aus, der in der Mitte dieser Treppe liegt, hat man die Wahl, die oberen oder die unteren Seen zu erkunden. Ich war nach links abgebogen, um zunächst die oberen zu erwandern und dann auf dem Rundweg die unteren zu erreichen, wo sich mir mit dem Veliki Slap, dem größten Wasserfall Kroatiens, gewiss ein spektakuläres Finale bieten würde. Bis dahin sollte mir die Landschaft einen einzigartigen Wechselrhythmus bieten, in dem das Rauschen der Kaskaden und die Stille stehender Gewässer einander ablösten.

So lag auch der Gradinska-See ruhig wie ein Spiegel vor mir, der die Welt in zwei Hälften teilte. Nach einer Biegung am Ufer wird der erste große Wasserfall erkennbar und sein Tosen leise hörbar. Noch ist sein unterer Teil hinter Sträuchern versteckt, aber nach hundert Schritten am Ufer führt mich der Steg direkt an ihm vorbei. Die Fassade des Felsens ist so rechteckig und regelmäßig, dass man glaubt, vor der Bühne eines Naturtheaters zu stehen, über die ein endloser Vorhang aus Tropfen und Schaum hinabfällt. Das Wasser ergießt sich dabei nicht von einer durchgezogenen Linie in den Abgrund, sondern schießt wie aus Rohren hervor, die in einem regelmäßigen Abstand nebeneinander angebracht wurden. Im Fall sprüht der Strahl sofort auseinander und berührt sich leicht mit seinen Nachbarn, sodass der Stoff dieses Wasservorhangs in Wellen aufgeworfen zu sein scheint.

Etwas weiter komme ich an einen gut 18 Meter hohen Fall, den Mali Prštavac, von dem das Wasser fein und sanft wie eine Seidengardine hinabgleitet. Die warmen braungelben Töne des Felsens erinnerten mich daran, warum ich eigentlich hier war. Ich hatte diesen Wasserfall schon oft im Bild gesehen, zum ersten Mal vor über vierzig Jahren, und war dem inneren Ruf gefolgt, Fantasie und Wirklichkeit nebeneinanderzustellen. Die Bildschirmlandschaften, in denen sich die Helden und Schurken verfolgten, schienen irgendwo an einem mythischen Ort, unwirklich und unerreichbar zu sein. Als ich später erfuhr, dass die Winnetou-Filme im damaligen Jugoslawien gedreht worden waren, erwachte sofort der Wunsch, sie zu besuchen. Aber Anfang der 1990er machte der Krieg dies unmöglich, dann beschäftigten mich andere Dinge, und Karl May gehörte zu den Jugenderinnerungen. So blieben die Landschaften eine ungestillte Sehnsucht, irrational und zwecklos, denn was bringt es schon, Drehorte zu besuchen, die nach sechzig Jahren bis zur Unkenntlichkeit verändert sein können? Das galt es nun herauszufinden. Ich stand hier ungefähr an der Stelle, wo im SCHATZ IM SILBERSEE die Tramps Fred Engel (Götz George) mit nacktem muskulösen Oberkörper neben seiner geliebten Ellen Petterson (Karin Dor) in rot-weiß-karierter Bluse an einen Baum binden und ihrem Anführer Brinkley (Herbert Lom) zujubeln, der auf der anderen Seite des Sees mit einem Floß die Schatzhöhle erreicht hat. Eine andere Seite des Sees gab es in Wirklichkeit nicht. Das ist die erste, wenn auch banale Erkenntnis, zu der man beim Besuch von Drehorten gelangt: nämlich, dass Filme eine große Collage aus unzusammenhängenden Räumen sind, die in der Fantasie des Betrachters zu einer eigenen Welt zusammengefügt werden, die sich von der wirklichen kaum unterscheiden lässt.

Aber das war nicht das eigentlich mythische Bild gewesen, das an dieser Stelle geschossen wurde. Vor dem Mali Prštavac posierten Pierre Brice und Lex Barker im Kostüm auf einem Stein für ein Pressebild. Aus der Untersicht sieht man Old Shatterhand, leicht erhöht, die rechte Hand auf die Schulter seines Blutsbruders Winnetou gelegt, der links neben ihm steht, mit einem Bein auf dem Felsbrocken, mit dem anderen auf dem Boden. Die geringe Schärfentiefe lässt den Hintergrund verschwimmen und die Figuren klar hervortreten. Beide schauen nach links in die Ferne, als würden sie dort etwas beobachten. Ist es der verklärte Blick aus der Malerei, mit dem Heilige ihren Gott erkennen? Mit den Heiligen teilen sich die Helden zwar das Ikonische, ihr Blick hingegen ist ernst, angespannt, als sähen sie kommende Gefahren, als wollte der rechte Arm auf Winnetous Schulter sagen «Komm, es geht wieder los.»

Dieses Foto schmückte einst das Filmplakat vom SCHATZ IM SILBERSEE und landete später auf Schallplatten und Bildton-Trägern. Im Film gibt es keine entsprechende Szene, in der die beiden so zu sehen sind, aber das betont nur den besonderen Status dieses Bildes. Es ist ein Emblem, das zwei Ikonen schafft, die in Deutschland einen tiefen Eindruck hinterlassen haben und zum kollektiven Gedächtnis gehören. Zwei Traumfiguren, auch im körperlichen Sinne: der athletische Barker mit seinen 1,93 Metern, vormals Tarzan; daneben der nicht minder schöne Brice, dessen Gestalt weniger für Kraft denn Gewandtheit steht, daran erkennbar, dass Winnetou nie über die Kruppe seines Pferdes absteigt, sondern sein Spielbein geschmeidig wie ein Balletttänzer über Hals und Kopf des Tieres hebt, um nach vorn elegant von seiner Mantillo-Decke hinunterzugleiten.

Und dann diese Farben. Old Shatterhand ist eine Erscheinung aus braungoldenen Tönen. Wildlederkostüm, Haut, Haarfarbe, alles geht ineinander über. Die Fransen an Armen und Beinen verleihen den Konturen einen weichen Übergang in alles, was ihn umgibt. Er ist blond, aber es ist nicht das kalte Blond der SS-Offiziere aus Kriegsfilmen, es ist warm, goldig, nussbraun, ein unbelastetes und beruhigendes Blond. Im Gegensatz dazu steht Winnetou mit tiefschwarzem Haar – «blauschwarz» hatte Karl May es genannt –, in hellem Hirschlederkostüm, reich verziert mit Stickbahnen, auf denen abstrakte Zeichen wie Kreuze und Pfeile zu sehen sind. Zwei Bahnen davon gehen wie eine Stola von der Schulter über die Brust bis zum Gürtel und betonen das Priesterliche des Häuptlings.

Äußerlich verbindet sie nichts als die Bärenkrallen-Kette um ihren Hals, und doch bilden sie eine Einheit. Es ist eine Sehnsuchtseinheit für die Deutschen Anfang der 1960er-Jahre, denn sie steht für Völkerfreundschaft. Das Deutschland jener Zeit, im Wiederaufbau zwar, aber gezeichnet, stigmatisiert als Nation der Völker- und Massenmörder, als historisch beispiellose Schande der Menschheit, hat zwei Sehnsuchtshelden bekommen, an denen es sich moralisch wiederaufrichten kann: den Apachen-Franzosen und den Deutschen-Amerikaner. Winnetou und Old Shatterhand senden Botschaften von Freundschaft und Versöhnung, der deutsch-französischen ein Jahr vor dem Elysée-Vertrag, der deutsch-amerikanischen ein Jahr vor Kennedys Bekenntnis zu Berlin.

Old Shatterhand alias Karl May wird von einem Amerikaner verkörpert, sodass die Deutschen sich in ihm wiedererkennen und zugleich vor der Autorität des großen Blutsbruders aus Übersee verneigen können. Und in dem Apachen Winnetou erweist man der *Grande Nation*, den exotischen Nachbarn, die Ehre, mit denen nun endlich Bruderschaft getrunken wird. Völkerverbrüderung und -verschwägerung sind überhaupt ein wiederkehrendes Thema dieser Filme: In WINNETOU II verzichtet der Titelheld auf die ihm ebenbürtige Häuptlingstochter Ribanna, damit sie den weißen Leutnant Merrill ehelichen kann. Und hätte Old Shatterhand nicht Nscho-tschi, die Apachen-Französin Marie Versini, geheiratet, wenn sie nicht von den Kugeln Santers getötet worden wäre?

Im Kontext der 1960er-Jahre erhielt der Winnetou-Mythos somit eine neue Bedeutungsebene bzw. wurde, wie es derzeit akademisch heißt, neu codiert: Am Ende der Ära Adenauer versinnbildlichen Brice-Winnetou und Barker-Old-Shatterhand die gelungene Westintegration der Bundesrepublik Deutschland, und dies umso anschaulicher, als dass sie eine sinnige Umkehrung von Integration verkörpern. Denn Brice – der nie in Frankreich bekannt war – wurde «unser» Franzose, und Barker – den niemand erkannte, als er 1973 auf der Lexington Avenue tot zusammenbrach – war «unser» Amerikaner. Beide vertraten ihre Herkunftsländer und waren doch hausgemachte «deutsche»

Stars. Nichts gegen Hans Albers oder Curd Jürgens, aber Brice und Barker machten das deutsche Kino international – wenn auch nur gefühlt, denn die Karl-May-Filme blieben außerhalb des deutschsprachigen Raums und einigen osteuropäischen Ländern weitgehend unbekannt.

Das schließt ältere Bedeutungsschichten natürlich nicht aus. Während des deutschen Kaiserreichs und der Weimarer Republik machten Karl Mays Erzählungen in mehrfacher Hinsicht Identifikationsangebote: als romantische Zivilisationsflucht, als exotische Fantasien, als christlich geprägten Pazifismus, durchsetzt mit deutschtümelnden Aussagen. Als wichtigstes Merkmal Mays gilt vielen sein «Ich», also die subjektive Perspektive des Superhelden, die Leserinnen und Leser für sich übernehmen können. Inspiriert wurden seine Figuren vom romantischen *homme supérieur* der Romane Alexandre Dumas', die May in jungen Jahren gelesen hatte. Im Grafen von Monte-Christo fand er jemanden, der alle Sprachen so akzentfrei beherrschte wie sein späteres fiktives Alter Ego, und die Titelfigur von Dumas' exotischem und zu Unrecht vergessenem Roman *Georges* flüstert seinem arabischen Hengst Zauberformeln ins Ohr, um ihn zu Höchstleistungen anzutreiben wie später Kara Ben Nemsi bei seinem Rih. Auch wenn der *homme supérieur* bei May in den Farben der deutschen Fahne gemalt wird, stellt er keinen rassistisch begründeten Übermenschen dar, der aufgrund seiner Abstammung überlegen ist, sondern bleibt eine Ausnahmeerscheinung und gebunden an Dumas' hochambitionierte Vorgänger, deren Leistungen und Fähigkeiten «meritokratisch» begründet werden, also durch besondere Anstrengungen und Lernbereitschaft, wobei Mays Superhelden bei aller Überlegenheit außerdem von ihrer christlichen Demut vor jeglicher Selbstüberschätzung bewahrt werden.

Die Nazis wussten daher mit May letztlich weniger anzufangen, als mitunter behauptet wird. Einige lehnten ihn als Pazifisten und Gegner des Rassegedankens ab, andere lobten die physische Tüchtigkeit seiner Figuren im Sinne des pädagogischen

Abhärtungsmottos «ein Indianer kennt keinen Schmerz». Diese widersprüchliche Einschätzung ließ May relativ unbeschadet die Diktatur überstehen, sodass die Reiseerzählungen nach 1945 nicht nur ihr altes Identifikationspotenzial bewahrten, sondern auch offenblieben für neue Deutungen. Die ungeheure Wirkung der Winnetou-Filme Anfang der 1960er-Jahre lässt sich nicht allein aus ihren ästhetischen Merkmalen oder der Popularität Karl Mays erklären, sondern nur dadurch, dass sie einem neuen Bedürfnis der Deutschen entsprachen, nämlich der tiefen Sehnsucht, sich nach der historischen Katastrophe wieder als Teil der Welt betrachten zu dürfen. Winnetou und Old Shatterhand waren Reintegrations- und Normalisierungsfiguren und lieferten den filmischen, also sichtbaren Beweis dafür, dass man erneut zur (westlichen) Völkergemeinschaft gehörte. Zugleich wurde der Stoff «entnationalisiert» und Old Shatterhand im Prolog nicht als Deutscher, sondern als «weißer Mann, der über das große Wasser kam», bezeichnet.

Doch damit nicht genug. Während sich bei Karl May letztlich alles um das «Ich», mal als Old Shatterhand, mal als Kara Ben Nemsi, dreht, verschiebt sich der Fokus der Filme auf Winnetou und damit indirekt auf den Völkermord an den *Native Americans*. Darf, ja muss die deutsche Winnetou-Begeisterung daher nicht auch als verschobene emotionale Auseinandersetzung mit der Shoah verstanden werden?

Während ich vor mich hinsinniere, fällt das Wasser weiter seidenweich hinab, so wie in den letzten sechzig Jahren, seitdem das Foto geschossen wurde. Auch ich würde gerne auf diesem Felsen stehen und in das Bild hineinkommen. Aber der Bereich ist abgesperrt.

Der Weg führt mich auf einen Pfad am Ufer, der sich einige Meter über dem Wasser erhebt. Die Sonne steht nun hoch genug, hat die Luft aufgewärmt und ihr Licht spiegelt sich überall wider. Wenn ich durch die Farne und das Geäst der Erlen und Weißbuchen am Ufer schaue, strahlt mir das Wasser am sandigen Uferstreifen in Türkis entgegen, um dann in ein dunkles Blau überzugehen. Schon denke ich an eine Szene aus dem Film, in dem Fred und Ellen sich befreit haben, in den See gesprungen sind und am Ufer entlang tauchen, durch eben dieses türkisblaue Wasser. Ob es an dieser Stelle war? Es könnte überall gewesen sein, unmöglich, den genauen Drehort wiederzufinden. Die beiläufige Schwimmszene hat es mir angetan, vielleicht, weil es an paradiesische Orte gemahnt, schöne junge Menschen, er mit nacktem Oberkörper, für einen Moment *Blue Lagoon*, für einen Moment hingerissen von einem ungewöhnlichen Schicksal im azurblauen Oktober.

Dann bringt der Weg mich an einen Ort, der den inneren Filmprojektor wieder ausschaltet. Im Dunkel des Blätterdachs einer kleinen Landzunge hat das Wasser viele kleine Stufen in die Felsen eingewaschen und eine prächtige Außentreppe gebaut. Ein Perron unter Bäumen, über den die dünne Wasserschicht wie ein fliehender Teppich hinwegsprudelt. Abgerundete Steinblöcke ragen wie Köpfe daraus hervor, manche mit langem Mooshaar überwachsen, an dem das Wasser wie silberne Schweißtropfen abperlt. Es rauscht, es schwillt, kein Fischer sitzt daran. Ich widerstehe dem Impuls, Fotos zu schießen oder Videos aufzunehmen, die ich mir daheim immer und immer wieder anschauen könnte. Solche Eindrücke jedoch kann man nicht festhalten: das Rauschen, den Sprühnebel auf meiner Haut, die Kühle des schattigen Hains, das Wimmeln der Wassertropfen auf den Steinköpfchen.

Ein paar Hundert Meter weiter erreiche ich eine Anhöhe über dem See und blicke hinab auf die türkisblaue Fläche des Okrugljak. Hier an den oberen Seen gibt es keine Drehorte mehr, und die Natur stellt sich ganz ohne Vermittlung vor. Der Scheitelpunkt des Rundwanderwegs führt mich schließlich an einen seichten weitläufigen See, in dessen glasklarem Wasser Fischschwärme träge in der Sonne baden. Sie ignorieren das Geräusch meiner Schritte auf dem Steg. Kein Klang der aufgeregten Zeit, zitiert es in mir, drang je in diese Einsamkeit. Hier auf dem weiten See kann die Sonne endlich ihre ganze Wärme spenden und schimmert tausendfach auf dem Wasser. Und wenn es kein Nationalpark wäre, dann müsste man alle Kleidung von sich werfen, hineinwaten und sich in den warmen Sand im kühlen Wasser legen.

Von hier führt der Weg bergab zu den unteren Seen. Nach einer dreiviertel Stunde bin ich wieder am Kozjak, steige in eine der Fähren und lasse mich zum weiter entfernten nördlichen Ufer bringen. Auf der Wiese am Steg stehen Holztische, dahinter ein Grillrestaurant und ein Souvenirshop. Hinter den Fenstern ist irgendjemand darin tätig, aber sonst ist niemand zu sehen. Ich folge dem Weg, überquere einen schmaleren Wasserarm, gehe am Ufer des Milanovac und dann des Gavanovac entlang. Überall bietet sich mir das gleiche hinreißende Bild: sprudelndes Wasser unter dem Steg, das durch Sträucher und über Stein und Sand hinwegrauscht, sich in einen See ergießt und plötzlich still und scheinbar unbeweglich wird, in tiefen Schlaf zwischen Schilfen und steilen Felswänden fällt, um am anderen Ende wieder zu erwachen und sich lachend hinabzustürzen, wie ein Kind, das sich leblos stellt, um die Eltern anzulocken und sie, plötzlich auffahrend, zu überraschen. Vor dem nächsten See versperrt eine kleine Landzunge den Blick. Dahinter liegt der Silbersee, Geburtsname: Kaluderovac. Ihn überquerten die Anführer der Tramps mit einem Floß, um zur Schatzhöhle zu gelangen. Ich gehe an der Landzunge entlang und sehe plötzlich rechts vor mir in gut acht Metern Höhe das große Loch im Fels, heute leicht verdeckt von einer hochgeschossenen Gruppe schmaler Bäume. Wie angewurzelt bleibe ich stehen, denn damit hatte ich noch nicht gerechnet. Eine Treppe führt hinauf, nach etwa dreißig Stufen stehe ich vor gleich zwei Drehorten, links geht es weiter durch einen Felsspalt hinauf, durch den die Banditen im Film hinabsteigen, um zum See zu kommen, rechts unmittelbar vor mir sind, nebeneinander versetzt, würfelförmige Stufen für jeweils einen Fuß in die senkrechte Wand geschlagen worden. Auf eben diesen Steinwürfeln schnellte Herbert Lom als Brinkley einst hoch, um zum Schatz zu gelangen. So behände gelingt es mir nicht, die Steine sind feucht, es geht steil hinauf, und ein Sturz könnte schwere Folgen haben. Dann aber stehe ich vor dem Höhleneingang, trete ein paar Schritte hinein und wende mich dem See zu. Von hier aus blickte Nintropan-hauey, der Hüter des Schatzes, hinunter auf den See und sah die Tramps kommen, und wir sahen ihm über die Schulter, eine der vielen Rückeneinstellungen in den Winnetou-Filmen. Ich taste mich in die Höhle hinein, der Boden ist feucht und glatt, nach nur ein paar Metern hat das Tageslicht seine Kraft verloren, und Finsternis liegt vor mir. Überflüssig zu sagen, dass die Innenaufnahmen der Schatzhöhle im Studio gedreht wurden. Als ich mich wieder auf den Ausgang zubewege, mache ich Fotos von dem Blick aus der Höhle auf den See. Aufgrund des starken Kontrastes erscheint die Höhle bloß als schwarzer Rahmen, aber dafür ist die markante Linie des Eingangs, der einem gotischen Spitzbogen ähnelt, gut zu erkennen.

Vorsichtig klettere ich die Treppenwürfel wieder hinab, steige anschließend noch den anliegenden Felsspalt hinauf und kehre dann zum See zurück. Der Steg führt auf die andere Seite und weiter an den Felswänden entlang. Von dort aus ist die Höhle wie in einer Totalen des Films zu sehen, aber die Farben sind verändert und Fels und Loch von der Vegetation zum Teil verdeckt.

Nach nur wenigen Schritten und bevor ich weiter darüber nachdenken kann, schwillt das Rauschen derart an, dass mein Blick sich ganz auf das Kommende richtet. Rechts von mir stürzt das Wasser plötzlich in einem Halbkreis tief hinab, um sich in einem runden Becken zu sammeln. Man weiß nicht, wo man hinschauen soll, so fantastisch sprudelt hier alles miteinander. Wasser, Stein, Luft und Grün. Nur gibt das Wasser den Ton an, hektisch, lärmend, eilig drängt es über Felsen, Sträucher und kleine Bäume dahin, unaufhaltsam und rücksichtslos. Wer sich widersetzt, wird einfach umflossen und zur Strafe mit einer Kalkschicht überzogen. Unten im Becken aber ruht es so friedlich, als sei nichts geschehen. Eine Borderline-Landschaft.

Es geht die Treppen hinunter und links erhebt sich majestätisch der Veliki Slap, der große Wasserfall, in dem sich die Plitvice ergießt und sich mit dem Wasser aus den Seen vereint. Von achtzig Metern stürzt das Wasser hinunter, aber nicht in einem massiven Schwall, sondern wieder in dünnen Stoffbahnen mit Aufwürfen und Falten, die zugleich verdecken und sichtbar lassen, so gigantisch, dass sie den Vergleichen spotten. Da die Sprache verstummt, fallen mit dem Wasser Bilder hinab. Pierre Brice auf seinem Rappen, Schüsse, er duckt sich, springt vom Pferd und verschanzt sich hinter zwei Felsen. Die Banditen schießen, natürlich eigentlich nicht von hier, die Aufnahmen wurden viel weiter oben gemacht, aber Winnetou schießt von hier zurück, schießt die Pistole leer, wirft sie fort und flüchtet sich dann zwischen die Felsen. Ein endloses Rauschen umgibt mich, in dem man seine eigene Stimme nicht hören kann, ich tauche in den Sprühregen ein, ins Niemandsland zwischen Wegen und Felsen. Ich gehe bis an die Absperrung, steige auf das Mäuerchen. An ein Foto ist hier nicht zu denken, man steht wie in einer riesigen Dusche. Hier sind nur Schauen, Spüren, Riechen und Lauschen erlaubt. Eine Einschränkung ist das nicht, im Gegenteil, dieses Gesamtkunstwerk überfordert die Sinne. Willst du hören, schließ die Augen, willst du spüren, schließ die Augen, willst du riechen, schließ die Augen. Es ist so intensiv, dass man es nicht lange aushält. Durchnässt kehre ich zum Steg zurück, der zum gegenüberliegenden Ufer hinaufführt.

Oben angekommen, endet der Zauber jäh mit den Hinweisschildern auf den Ausgang, der schon zu sehen ist. Doch hundert Schritte vor den Toren liegt eine Aussichtsplattform, die zu einem grandiosen Finale einlädt. Von hier aus ist das Ensemble fotogerecht zu sehen. Links stürzen die Seen hinab, rechts oberhalb leistet die Plitvice über den Veliki Slap ihren Tribut, über mehrere Stufen vereinen sich die Wasser und bilden die Korana, die ihren Weg durch den Canyon sucht und gen Norden bis nach Karlovac führt. Die Kroaten nennen diesen Wasserkessel Sastavci «Zusammenfluss». Die runde Naturbühne wird rechts von einer hohen Felswand begrenzt, die sich wie ein kurzer Keil in den Wasserlauf schiebt. Als ich an ihr hinabblicke, halte ich inne. Dort war es! Dort unten lehnten Fred und Ellen gefesselt am Fels und sprachen sich ab, um sich zu befreien, während die Tramps damit beschäftigt waren, ein Floß zu bauen.

«Ich bin mit Lederriemen gefesselt», erklärte er seiner hübschen Begleiterin, «und Leder dehnt sich, wenn es nass wird.» Diese beiläufige Bemerkung ging sofort ins Repertoire meiner Überlebensregeln ein und entsprach dem Reiz, den Abenteuergeschichten auf mich ausübten: dass sie Kompendien mit Tricks, Spezialwissen, Warnungen und Vorsichtsmaßnahmen für meine eigenen Abenteuer waren, die da kommen sollten. Leder dehnt sich, wenn es nass wird, das durfte ich nie vergessen, damit ich, wenn ich selbst gefesselt an einem Teich oder einem Wasserlauf liegen würde, wusste, was zu tun war. Wie gerne wäre ich dort hinabgestiegen, um an diesem Felsen zu lehnen, den ich vor vierzig Jahren zum ersten Mal gesehen hatte. Ich warf einen Blick auf die Tafel mit dem Wanderplan, fand aber keinen Weg, der dort hinführte. Ich wandte mich an einen Mann, der die Eintrittskarten kontrollierte. Er erklärte mir, dass es früher Teil des Rundwegs gewesen war, jetzt aber schon länger nicht mehr zugänglich sei.

Enttäuscht kehrte ich zur Aussichtsplattform zurück, schraubte mein Teleobjektiv auf die Kamera und nutzte es als Fernglas, um mir die Felswand genauer anzusehen. Kein Zweifel, sie war es. Die ganze Szenerie war weitgehend noch so erhalten, wie man sie vor sechzig Jahren gefilmt hatte. Und dieser Moment sollte mir nun verwehrt bleiben! Vom Kessel aus gab es keine Möglichkeit an die Stelle heranzukommen, das musste auch früher unmöglich gewesen sein. Der Weg dorthin konnte also nur über die andere Seite, also diejenige verlaufen sein, auf der ich mich befand. Auf dem Plan war auch einer markiert, der an der Korana entlang führte, allerdings keine Bezeichnung hatte und sich am oberen Rand verlief. Wie aber gelangte man auf diesen Pfad? Laut Plan musste er direkt hinter der Wegetafel beginnen, aber die stand vor einem Mäuerchen, das klar zu erkennen gab, dass alles dahinter unzugänglich war. Ich trat einen Schritt zur Seite und betrachtete die von Sträuchern gesäumte Grünfläche dahinter. Da war links ein Weg erkennbar, der zum Felsrand führte. Allerdings war er mit einem Warnschild versperrt, auf dem in großen Lettern das Wort «Danger» unter einer roten Hand mit abgespreizten Fingern geschrieben stand. Immerhin sprach nichts dagegen, bis zur Warntafel zu gehen, vielleicht sah man von dort aus etwas mehr. Ich warf einen flüchtigen Blick zu den Eingangstoren, sah, dass mir das Personal den Rücken zudrehte, stieg über das Mäuerchen und näherte mich der Stelle.

Das Schild löste eine Reihe von Ängsten aus, denn es blieb unklar, was hier eigentlich gefährlich war: Drohte man abzustürzen, weil der Pfad am oberen Felsrand nicht gewartet wurde und brüchig war? Lagen dort noch Minen aus dem Krieg? Sollte es jene Giftschlangen geben, vor denen in den Büchern gewarnt wurde? Das mochte alles sein, aber von diesen Möglichkeiten schien mir nur die erste wahrscheinlich, und die hing doch zu einem guten Teil von meiner Achtsamkeit ab. Dennoch zögerte ich und lugte vorsichtig an dem Schild vorbei, ohne jedoch viel erkennen zu können, da der Pfad nicht nur nach rechts abbog, sondern weil ich zudem noch zu weit vom Felsrand entfernt war, um in das Tal blicken zu können.

Dann geschah etwas, das mir die Entscheidung abnahm. Aus der Krümmung des Pfades kam plötzlich eine Frau mit ihrem etwa sechsjährigen Jungen hervor. Als sie mich dort so unvermittelt stehen sah, stutzte sie einen Augenblick. Ich grüßte sie und fragte, ob der Weg begehbar sei und wo er hinführe. Sie antwortete, dass er zum Fluss hinuntergehe. «Und die Gefahren?», hakte ich nach. «Welche Gefahren?», fragte sie zurück. Ich zeigte auf das Schild. Ach, meinte sie, das habe nichts zu bedeuten, sie wohne weiter unterhalb des Canyons und nutze ihn häufig. Wir wechselten noch ein paar Worte, sie wollte wissen, woher ich kam. Ich erklärte ihr, warum ich hier war, und zog ein paar Standbilder aus dem SCHATZ IM SILBERSEE hervor. Bei einem leuchteten ihre Augen auf, weil sie den Ort wiedererkannte, sie nickte dazu nachdrücklich, drehte sich zur Seite und meinte, dass dies hier gleich um die Ecke zu sehen sei. Ich dankte ihr, ließ sie vorübergehen und schlug nun meinerseits den Weg ein.

Sogleich hatte ich ein anderes Gefühl. Ich befand mich nun auf halb verbotenen Pfaden, die trotz der Versicherung der Frau eine Aura von Gefahr umgab. Gerade dadurch aber schien jeder Schritt intensiver, jeder Eindruck wertvoller zu sein, unwiederbringlicher. Es war ein Gefühl von Entdeckung, denn was ich tat, war im wörtlichen Sinne ab-wegig und blieb anderen Besuchern vorenthalten. Diese Hochstimmung stieg noch weiter an, als ich am ersten Aussichtspunkt tatsächlich den Drehort fand, den sie angekündigt hatte. Es ist nur eine kurze, aber visuell einprägsame Einstellung, in der Winnetou und Old Shatterhand in einen Canyon hinabblicken – noch eine Rückenfigur – und beobachten, wie die Utahs sie verfolgen und einen Steg überqueren. Rechts von der Bildmitte ist ein auffälliger Felsvorsprung mit tiefem Spalt zu sehen, welcher der romantischen Szenerie neben dem türkisfarbenen Wasserlauf und dem Grün ihre eigentliche Prägung verleiht. Er ragt aus der Wand hervor wie das Triangelportal aus dem Dom von Erfurt und bildet eine natürliche Halle, dem pompösen Eingang einer majestätischen Höhle gleich. Auch hier versperrte die Vegetation weitgehend die Sicht, aber an den Umrissen war die Stelle eindeutig zu erkennen.

Die Sonne stand über den gegenüberliegenden Felsen, hatte Luft und Landschaft aufgewärmt und tauchte meine Seite in helles Licht, in dem alle Feinheiten zu erkennen waren, soweit man freiere Sicht hatte. Ich folgte dem Weg weiter hinab und kam nach ein paar Hundert Schritten an ein Schild, das mich erahnen ließ, warum man oben eine Warnung angebracht hatte. Es wies darauf hin, dass hier der Nationalpark ende und die Fußgänger aus der Gegenrichtung eine gültige Eintrittskarte benötigten. Lag der Grund für die Warnung nicht einfach darin, dass man diesen freien Zugang zum Nationalpark möglichst geheim halten wollte?

Bald kam ich in ein Waldstück und verlor jedes Gefühl von Abenteuer, als rechts von mir Motorgeräusche zu hören waren und ich feststellte, dass gut zwanzig Meter weiter eine Straße verlief. Dann ging es jedoch in Schlangenlinien steil hinab und brachte mich dem Rauschen des Flusses und seiner Wasserfälle wieder näher. Ich kam an einen abschüssigen Hang aus Kieselsteinen, der auch im Film zu sehen war, und hatte endlich wieder freie Sicht auf die Korana. Am Felstriangelportal war ich zunächst vorübergegangen, bewegte mich jetzt aber wieder darauf zu, als ich die langgezogenen Serpentinen des Kieselfeldes überwunden hatte. Dann gabelte sich der Weg, links ging es hinauf zur Felsspalte, rechts hinunter zum Fluss. Ich wandte mich nach links und stand wenig später staunend vor dem Felsvorsprung, dessen dreieckige Form nach zwei Seiten geöffnet war. Auf meiner Seite besaß das Portal einen Spitzbogen wie die Höhle über dem Kaluderovac, nur dass dieser hier weitaus imposanter war. Auf der gegenüberliegenden Seite wiederum reichte der Spalt noch weitaus höher und erhellte den Innenraum wie eine riesige Vorhalle, in der es steil hinaufging und die zu mehreren tiefschwarzen Höhleneingängen führte. Wären die Geländer und Stufen nicht gewesen, die hier angebracht worden waren, hätte man glauben können, sich in einem Naturtempel aus der Vorzeit zu befinden. Für einen Augenblick kamen mir die Illustrationen aus Jules Vernes *Reise zum Mittelpunkt der Erde* in den Sinn, auf denen die Gefährten beim Abstieg in die Lavakanäle des Snäffels auf Island ganz ähnliche Ansichten hatten. Ich stieg bis oben hinauf und musste mich mehrmals an den Geländern festhalten, denn je höher ich kam, umso feuchter und glatter wurde der Boden. Eine der Höhlen war mit einer Gittertür verschlossen und reichte offenbar tief in den Felsen hinein. Dann wandte ich mich um und genoss den grandiosen Anblick, den ich von hier oben auf das Innere der Kuppel und den darunter liegenden Wasserlauf hatte. Die hohen und geschwungenen Felswände schimmerten silbern in dem Licht, das durch den großen Spalt einfiel und die zerklüftete Oberfläche des Steins reliefartig hervorhob.

Nach einigen Minuten stieg ich den Weg wieder hinab und schlug die Richtung zum Flussufer ein. Kurz darauf kam ich an einen Steg, der direkt über einen gut zehn Meter hohen Wasserfall führte. Er war stabil, wenn auch weniger gut gewartet als die Stege im Inneren des Nationalparks. Das Wasser rauschte unter mir hinweg und sammelte sich in einem Becken vor der Fallkante in trügerischer Ruhe. In diesem Gebiet sollen Szenen aus WINNETOU III gedreht worden sein. War es hier, wo Winnetou den Baumstamm von einem Wasserfall stürzte, um die Banditen abzulenken? Oder stammen nur einzelne Einstellungen von hier? Wahrscheinlich war es doch weiter oben. Auf der anderen Seite angekommen, führte ein schmaler Uferpfad nah am Felsen entlang. Der Boden war weich und feucht, aber so weit, wie ich sehen konnte, schien er zu tragen. Ich brauchte ihn nur weiter stromaufwärts zu gehen und würde unweigerlich an jene Felswand gelangen, die mir so am Herzen lag. Allerdings fragte ich mich, wie ich den Wasserfall überwinden sollte, der mich von ihr trennte. Die nächsten hundert Meter wurden nach und nach beschwerlicher, der Pfad stand teilweise unter Wasser, und ich hüpfte über die Steine, die aus ihm hervorragten. Bald erschien auch der Wasserfall vor mir, und ich sah, wie ich an ihm hochkommen konnte. Rechts daneben stand eine Wendeltreppe.

Als ich darauf zugehen will, halte ich jedoch inne, denn ich habe ein Geräusch hinter mir gehört. Ich wende mich um. Nur zehn Meter von mir entfernt kommen drei Männer auf mich zu. Sie müssen schon länger hinter mir hergegangen sein, aber bei der inneren Aufregung und dem Rauschen des Wassers hatte ich sie nicht bemerkt. Zwei von ihnen sind um die dreißig, einer davon hat eine Kladde mit Aufzeichnungen in der Hand, der andere trägt etwas auf dem Rücken. Ihnen voran geht ein Älterer, Mitte fünfzig, der offenbar führt. Sollte es sich auch um Filmfans handeln, die sich einen Reiseführer geleistet haben, um das Terrain zu erkunden?

Als sie herankommen, höre ich, dass die beiden Jüngeren Englisch mit amerikanischem Akzent sprechen, so vertieft in ihre Unterhaltung, dass sie mich gar nicht zu bemerken scheinen. Der Ältere hingegen spricht mich auf Englisch an, ein Englisch mit deutlich kroatischem Einschlag. Um etwas zu sagen, frage ich ihn, ob auch sie den großen Wasserfall von dieser Seite erreichen wollen. Er nickt und murmelt irgendetwas von Filmaufnahmen, das ich nicht ganz verstehe. Sie machen sich nicht die Mühe, stehen zu bleiben, sondern waten einfach an mir vorbei.

Für einen Moment ist jener dünne Zauber verflogen, der sich durch das vage Gefühl von Gefahr über den abwegigen Pfad gelegt hatte. So abwegig scheint dies alles wohl doch nicht zu sein. Vollends prosaisch wird es, als die Gruppe vor mir sich Schuhe und Socken auszieht, um den Weg barfuß fortzusetzen. Einer von ihnen steckt sich die Socken in die hintere Hosentasche, aus der sie zur Hälfte herausschauen und bei jedem Schritt hin und her schwenken. Ich warte und lasse sie gehen, bis sie über der Wendeltreppe aus meiner Sicht verschwinden.

Dann setze ich den Weg fort und komme an die Stelle, wo die drei ihre Schuhe ausgezogen haben. Der Pfad ist hier auf gut zwanzig Meter völlig überschwemmt, das Wasser steht knöchelhoch. Dennoch lasse ich die Schuhe an, mir ist es lieber, nass zu werden, als barfuß über die spitzen Steine zu gehen und dabei vielleicht den Halt zu verlieren. Die Wendeltreppe, die ich kurz darauf erreiche, ist stark beschädigt. Die Stufen sind glatt und brüchig, einige der Stahlstreben, die sie wie ein Gitter umschließen, haben sich gelöst. Aber da gerade vor mir drei Männer hinaufgekommen sind, ist auch dieses kleine Abenteuer zunichtegemacht. Dennoch muss ich aufpassen, nicht ins Leere zu treten. Oben geht es zunächst im Trockenen weiter hinauf, dann ist wieder eine Wasserfläche zu überwinden. Dahinter haben die drei Halt gemacht. Einer von ihnen steht direkt am Wasser und hält eine Drohne in die Luft. Das war also mit den Filmaufnahmen gemeint. Der andere steht daneben mit der Steuerung. Der Kroate wiederum hat sich auf einen Stein gesetzt und raucht, dem süßlichen Geruch nach zu urteilen mehr als nur Tabak. Erneut beachten die beiden mich nicht, dafür rät mir der Kroate, nicht weiter zu gehen, denn das Wasser werde knietief. Ich erwidere, dass ich es mir anschauen wolle, und setze meinen Weg fort. Kaum habe ich die drei zurückgelassen, stellt sich die leichte Aufregungslust wieder ein, allein auf unsicheren Pfaden zu wandeln. Weit kann es nicht mehr sein, vielleicht hundert Meter. Diesmal sinke ich tatsächlich tiefer ins Wasser, aber bis zum Knie reicht es dennoch nicht. Wahrscheinlich hatte der Kroate bloß keine Lust mehr gehabt, sich noch weiter nass zu machen. Eine Weile bahne ich mir einen Weg auf der Suche nach seichten Stellen, bis ich endlich auf trockenen Boden trete. Es könnte schon die Landzunge sein, an deren Ende sich die Felswand befindet; sie ist mit schmalen Bäumen bewachsen, die aber nicht sehr dicht stehen, sodass man leicht hindurchkommt. Kurz darauf stehe ich wirklich dort, wo ich mich hingeträumt hatte: an der Felswand mit ihrer leichten Einbuchtung, dahinter eines der Becken des Savstavci. Hier hatten die Banditen aus WINNETOU III gelagert, hier hatten Fred und Ellen im SCHATZ IM SILBERSEE gefesselt am Stein gelehnt. Ich ziehe eines der Standbilder hervor, die ich mitgebracht habe, und kann die genaue Stelle schnell identifizieren. Ich setze mich, lehne mich zurück und bin im Bild. Im Bild zu sein jedoch heißt, das Bild selbst nicht mehr zu sehen, sondern das, was die Schauspieler gesehen haben könnten. Aber was haben sie von dort aus gesehen? Das Filmteam? Die Scheinwerfer? Haben sie überhaupt etwas gesehen? Dürfen sie überhaupt etwas sehen außer dem, was für die Handlung von Bedeutung ist? Würde nicht jedes andere Sehen die Illusion zerstören und sichtbar machen, dass alles nur ein Spiel ist?

Als ich so nachdenke, spüre ich auf einmal, wie nass meine Schuhe sind. Ich ziehe sie aus, die Socken auch, wringe diese aus und lasse sie einen Augenblick liegen. Ein Handtuch habe ich nicht, meine Füße sind feucht und ruhen auf der kühlen Erde. Was tue ich hier eigentlich? Suche nach ein paar Quadratmetern, die wohl schon länger niemand mehr betreten hat, nur weil dort vor sechzig Jahren einen Tag lang Szenen aufgenommen wurden mit Darstellern, von denen keiner mehr am Leben ist.

Aber waren solche Zweifel gerechtfertigt? Dieser Ort, den ich zum ersten Mal betrat, stellte in Wirklichkeit eine tiefe Verbindung her. Im Traum, in der Fantasie war ich immer schon hier gewesen. Diese fernen Gegenden trug ich in einer inneren Landkarte bei mir, auf der ein Weg eingetragen war mit Haltepunkten wie Pilgerstätten, nur dass ich nicht betete, sondern Fotos machte, nur dass ich keinen Heiland suchte, sondern zu mir selbst Verbindung aufnahm. Eine Verbindung zu den 1970er-Jahren, als ich diese Filme im Fernsehen sah, zu den 1980er-Jahren, als ich mit dem Kassettenrekorder bei den Wiederholungen Aufnahmen machte, die ich so oft gehört hatte, dass ich die Tonspuren der Filme auswendig kannte, zu den Hörspielplatten, auf denen die Geschichten anders erzählt wurden, aber doch mit dem Namen Karl May beschriftet waren, zu den grünen Bänden, die ich ab meinem vierzehnten Lebensjahr gesammelt und kultisch verehrt hatte, zu unseren Ausflügen zu den Festspielen in Elspe, zu den Fernsehausstrahlungen der Aufführungen in Bad Segeberg, zu einer Fahrt nach Hohenstein-Ernstthal, Dresden und Radebeul einen Tag vor der Wiedervereinigung.

War diese erneute Reise der verzweifelte oder sogar lächerliche Versuch eines Verträumten, eines ewigen Kindes, die geliebten Fiktionen mit der Realität zusammenzubringen? So als wollte ich aller Welt zeigen, dass an diesen Träumen tatsächlich ein Stück Erde hing? Und das Ganze in der zweifelhaften Absicht, mein Gewissen zu beruhigen, um mich weiter Illusionen hingeben zu dürfen?

Sicherlich hätte ich dies vor zwanzig, vielleicht auch noch vor zehn Jahren so eingeschätzt, jetzt aber erschien mir alles wieder anders. Denn mir wurde klar, wie eng diese Seh- und

Leseerfahrungen mein Leben begleitet und ihm eine Struktur gegeben hatten. Statt mich von der Welt zu entfremden, hatten sie mir diese eigentlich erst nahegebracht. Statt mich an den Sessel zu kleben, von dem aus ich sie auf Bildschirm und Papier entdeckt hatte, hatten sie mich auf die Reise geschickt. Aber lag nicht auch ein Risiko darin, diese Orte zu besuchen? Konnten sie sich nicht als große Enttäuschung oder noch Schlimmeres erweisen? Als Karl May 1899 im Alter von 57 Jahren seine erste Auslandsreise unternahm, muss ihn die Wirklichkeit derart verstört haben, dass er auf Sumatra und in Konstantinopel jeweils für acht Tage in eine Art Wahnsinn verfiel und kein Essen mehr zu sich nahm. Mehr wissen wir nicht darüber, weil seine Frau Klara alle ausführlichen Briefe von der Reise vernichtet hat. Aber noch ein anderes Indiz macht deutlich, wie einschneidend diese Erfahrung war: May hat danach nie wieder so geschrieben wie vorher. Mit der Orientreise beginnt seine mystische Phase, in der Abenteuer sich in Symbole und Allegorien verwandeln. Doch irgendwann muss sich wohl jeder einmal seinen Träumen stellen, und so schlimm wie bei May wird es schon nicht werden.

II

Am Pueblo der Zrmanja

Etwa dreißig Kilometer vor Zadar zweigt von der Küstenstraße Jadranska Magistrala in Richtung Süden die unscheinbare Landstraße D54 ab. Sie führt zunächst zu dem kleinen Ort Jasenice und verläuft dann durch eine weite Ebene, die einen dazu verleitet, auf das Gaspedal zu drücken und an einem der magischsten Orte Kroatiens, und für mich sogar ganz Europas, einfach vorbeizurauschen. Drosseln wir das Tempo, um auf dem Weg dorthin noch ein kurioses Detail mitzunehmen. Zwei Kilometer hinter Jasenice liegt die Gegend, in der Szenen für den Vorspann vom SCHATZ IM SILBERSEE gedreht wurden, der eine Kutschfahrt auf der Ebene zeigt. Damals konnte die Kamera beinahe um 360° rotieren, ohne dass sich ein Haus oder eine asphaltierte Straße in das Bild gedrängt hätte. Auch sechzig Jahre später ist ein Hauch von dieser Unberührtheit geblieben. Lässt man den Blick von Norden nach Süden über die Ebene schweifen, die am Horizont vom Velebit-Gebirge gerahmt wird, mag er an der Gabelung eines Schotterwegs hängenbleiben, einem langgezogenen Y ähnlich. Als ich ihn wiedererkannte, war ich sprachlos. Wie konnte es sein, dass dieser ebenso unscheinbare wie fragile Weg aus Sand und Schotter über die Jahrzehnte hinweglachte und mit einer Selbstverständlichkeit vor mir lag, als seien die Aufnahmen erst gestern gemacht worden. Er ist nur ein Detail, das gebe ich zu, und taucht, abgesehen vom Vorspann, nur in der vorletzten Einstellung des Films noch einmal auf, wenn Sam Hawkens, Fred Engel, Ellen Pettersen und die anderen auf ihm davonreiten. Dennoch übte er eine magnetische Wirkung auf mich aus, trieb mir Unruhe in die Beine, den Wunsch, einfach loszulaufen, ihn hinab zu rennen, ins Bild zu kommen, dem Sog der Tiefe nachzugeben, ist es doch eigentlich die Y-Gabelung, welche die Weite der leicht abschüssigen Ebene spürbar macht.

So wie einst der Vorspann ist auch die Y-Gabelung nichts als ein Vorspiel auf dem Theater des Plateaus. Denn nur sechshundert Meter weiter auf der Straße zweigt wieder ein Schotterweg ab, führt zwischen zwei Strommasten ins flache Gelände, irgendwohin, nirgendwohin, denn es gibt scheinbar weit und breit nichts zu sehen als die flache mit Gestrüpp bewachsene Ebene. Ich bog ein und fuhr ein Stück über den holprigen Weg, bis der Wagen so hin und her wackelte, dass ich ihn stehen ließ und zu Fuß weiterging. Mehrere Hundert Meter gibt es nichts außer Fläche, Sträucher und Himmel. Es ging auf die Mittagszeit zu, die Sonne stand hoch und zeigte, dass sie auch im Oktober noch brennen konnte. Dann öffnete sich vor mir ein freier Platz, an dem die gelbrote Erde offen zum Vorschein trat, dahinter war ein Riss in der Landschaft zu sehen, der von Süden kam und sich in westlicher Richtung verlor. Nach weiteren Schritten konnte ich den Canyon bereits mehr als nur erahnen, dann zeigte sich ein erster türkisblauer Faden, wurde mit jedem Schritt breiter und wuchs zu einem Flusslauf an. Niemand war zu sehen. Es herrschte völlige Stille. Nur meine Schritte knirschten auf dem steinigen Boden, als ich den freien Platz erreichte. Ich drehte mich einmal um mich selbst. Hier hatte das Pueblo der Apachen gestanden, dieser Ort war von Millionen Augen auf der Leinwand bestaunt worden, war in jedes Wohnzimmer eingedrungen, war eine Metropole auf den Karten der Tagträume von Generationen gewesen und lag jetzt verlassen, ja vergessen da.

Als ich die Kante des Hanges erreichte, konnte ich den Fluss ganz überblicken, der sich hier wie ein liegendes Fragezeichen durch die Landschaft schlängelt. Von Süden her windet er sich um einen Vorsprung herum und biegt dann um fast 90° nach Westen und schenkt einen tiefen Blick in seine jetzt gedehnten Schlangenlinien, bis die Sicht von einer weiteren Biegung abgeschnitten wird, wo sich die Felsufer so stark im Fluss spiegeln, dass er zu versanden scheint. Eine Farbstudie aus einer provozierenden türkisblauen Linie und gelben Sandhängen, aus denen weißgrauer Fels herausragt, als hätte man einen riesigen Sandkasten darüber ausgekippt. Das gegenüber liegende Plateau ist mit schütterem Grün bedeckt und fällt steil in schroffen Felswänden ab, während die Sandbahnen auf meiner Seite sanft hinabgleiten und in der Sonne aufleuchten. Dagegen bilden die Felshänge gegenüber dunkle Flächen, obwohl die Sonne bereits so hoch steht, dass sie nur einen schmalen Schatten auf den Fluss werfen. Aus den Formationen gegenüber sticht ein Vorsprung direkt über dem Wasser heraus, so rund wie ein Festungstürmchen, und verleiht dem Ufer sein unverkennbares Antlitz.

Die Sandhänge rechts von mir – Old Shatterhand stand vor ihnen, als er in WINNETOU III Öl in den Rio Pecos laufen lässt, um die Banditen mit einer Feuerwand auf dem Fluss zu empfangen – wirken so verführerisch weich, dass man auf ihnen zum Wasser hinunterrutschen könnte, ohne zu wissen, ob man es wieder hinaufschafft.

Mitten in dieser Komposition ziehen vom gegenüberliegenden Ufer her die mit Wasserpflanzen bewachsenen Sandbänke einen runden Bogen unterhalb der Wasseroberfläche, so regelmäßig wie mit dem Zirkel gezogen, der bis in die Mitte des Flusses hineinreicht und an dessen Rand grüne Pegel herausragen. Alles liegt still und starr, wie eingefroren im Licht. Die Luft ist frisch und leicht, kein Vogel zieht seine Kreise. Dann erscheint in der Ferne ein kleines Motorboot, das den Fluss hinauffährt. Ich hole mein Fernglas hervor. Es fährt bis auf die Höhe des Festungstürmchens, dann geht der Motor aus. Ich halte das Glas auf das Boot und sehe, wie sich ein Taucher vorbereitet und dann in den Fluss springt. Ich fahre mit dem Glas über die Ufer und entdecke etwas weiter drei Schwäne, die auf einem schmalen Grünstreifen am Ufer ruhen, zwei weitere schweben im Wasser direkt vor ihnen.

Rechts unter mir, nur einen Steinwurf entfernt, ragt ein Fels wie ein Haken hervor oder wie ein versteinerter Baumstumpf, ein Orientierungspunkt, um den Standpunkt der Kamera zu bestimmen. Hier verdichten sich die Motive. Dreht man sich nach links, dann schaut man auf einen gut dreißig Meter tiefer liegenden Felsvorsprung, der selbst wieder ein kleines Plateau bildet, über das Old Shatterhand, Winnetou und Intschu-tschuna in WINNETOU I nach dem Zweikampf mit dem Kanu zurück zum Dorf steigen, während Nscho-tschi, den Rücken zur Kamera gewendet, auf sie hinabblickt. Die folgenden anderthalb Minuten – mehr sind es nicht – bilden den mythischen Kern aller Winnetou-Filme. Zwei Bewegungen werden zusammengeführt. Nscho-tschi war nach Roswell geritten, um den Beweis zu erbringen, dass Old Shatterhand Winnetou heimlich aus der Hand der Kiowas befreit hatte. Jetzt stürmt sie auf einem Schimmel ohne Decke zurück ins Dorf, springt hinunter und eilt mit dem Beweisstück, das sich in Old Shatterhands Jackett befindet, zum Flussufer. Die Kamera folgt ihr, bis sie den Steilhang erreicht und auf das untere Plateau hinabblickt. Von dort kommen ihr die Häuptlinge, ihre Krieger und Old Shatterhand entgegen. Die Vereinigung der Völker kündigt sich an, daher bleibt der Fokus auf Nscho-tschi, der schönen Frau, über welche diese Vereinigung Fleisch werden soll. Beim nächsten Schnitt sieht man sie in

Großaufnahme, sieht ihre Erleichterung darüber, dass alle wohlbehalten zurückkehren, vor allem aber sieht man ihre Liebe für den weißen Mann, in ihrem strahlenden Lächeln, in ihren tiefen Atemzügen.

Schauspielerin Marie Versini war damals die jüngste an der Comédie française, dem nationalen Vorzeigetheater, ein großes Talent also, und manch einer mag abwinken, dass diese Rolle ihr nur Plakatives abverlangte, nicht aber das mehrschichtige Spiel, zu dem sie in der Lage gewesen wäre. Doch geht es hier nicht um Feinheiten, hier wird nicht einfach mehr oder weniger kunstvoll eine Geschichte erzählt, diese Erzählung und diese Bilder atmen die Reinheit des Mythos. Nichts Subtiles ist hier angebracht, die Kraft ergibt sich aus Einfachheit und Eindeutigkeit, der Eindeutigkeit der Gefühle von Anziehung, Verbundenheit, Liebe, den einfachen Bildern der Schönheit. Kein Dialog stört das Zusammenwirken der Bilder und der großen Opernmusik, dem Liebesthema. Nscho-tschi findet die Halskette, die Old Shatterhand Winnetou abgenommen hatte, als er ihn befreite, und hängt sie ihrem Bruder um. Dessen Blick leuchtet, er wendet sich Old Shatterhand zu, ergreift seine Hände. Eine Schwarzblende verlangsamt den Rhythmus, aber in Wirklichkeit rasen die Bilder weiter und brennen sich doch unvergesslich ein. Trommeln, das Rauchen der Friedenspfeife, Nscho-tschis Blick ruht stolz, erwartungs- und liebevoll auf Old Shatterhand, der den Rauch rechts von sich wegbläst. Für einen Moment wird der Ernst der Situation gebrochen, denn dort sitzt Sam Hawkens und hüstelt albern, eine letzte Entspannung vor dem großen Augenblick, dem archetypischen Bild, um das sich der ganze Winnetou-Mythos organisiert: die Blutsbrüderschaft.

Meine Gedanken werden von einem Motorengeräusch unterbrochen. Ich wende mich um. Ein Kleinwagen wackelt über die Schlaglöcher heran bis auf die freie Fläche. Drei Rentner steigen aus und werfen die Türen mit lauten Schlägen zu. Auf der Ebene klingt alles unmittelbarer, wie von Mikrofonen verstärkt. Es sind zwei Männer und eine Frau, einer davon klein und dünn, der andere groß und rund, ein Komikerduo. Aber es ist der Dicke, der die Frau abbekommen hat. Die Männer sprechen Italienisch und gestikulieren. Mit seiner Frau wiederum spricht der Dicke Kroatisch. Sie scheinen aufgeregt zu sein, man weiß nicht warum. Am Rand des Canyons angekommen machen sie Fotos, beachten mich nicht, nur die Frau schaut zu mir herüber und nickt zum Gruß, die Männer sind in ihr heftiges Gespräch verwickelt, so engagiert wie in einer politischen Debatte. Dann gehen sie weiter flussaufwärts.

Ich hatte mich auf einen Stein gesetzt, stehe jetzt aber auf und steige den Hang bis zu dem erwähnten Vorsprung hinunter, über den die Figuren nach dem Zweikampf vom Fluss wieder hinauf zum Pueblo gegangen waren. Für die Dreharbeiten hatte man alles Gestrüpp entfernt, um einen freien Blick auf Oberflächen und Darsteller zu haben. Jetzt stehen hier dornige Sträucher, durch die ich mir in Schlangenlinien einen Weg bahne. Der Felsvorsprung gleicht einem natürlichen Aussichtspunkt, seine Zacken reihen sich wie eine Balustrade auf, und einer davon ist niedrig genug, dass man über ihn hinunter auf den Fluss schauen kann. Im Film verlief über den Vorsprung ein Trampelpfad, von dem es jetzt keine Spur mehr gibt. Ich wende mich um und schaue den Hang hinauf zu dem Punkt, von dem ich an der Kante losgegangen war. Dieser Anblick also bot sich den Darstellern, als sie von unten hinaufgegangen waren. Ich suche meinen Weg zwischen den Dornbüschen zurück, oben angekommen, treffe ich auf die drei anderen Besucher, die sich wieder zu ihrem Auto begeben. Zwischen den beiden Männern scheint ein Streit ausgebrochen zu sein. Der mächtige Kroate donnert auf den kleinen Italiener herunter: «Allora, prendiamo un caffè o no?». Seine Stimme klingt bedrohlich, als handele es sich um eine endgültige Entscheidung, wenn nicht um Leben und Tod, so doch über die Zukunft ihrer Freundschaft. Der Kleine bellt zurück: «Ma dove?», und wirft dabei empört seine Arme in die Luft. Die Frau steht schweigend dabei. Dann steigen sie ein und fahren weg.

Als der Wagen hinter der Biegung verschwindet, fällt mein Blick auf den Verlauf des Velebit-Gebirges. Ich nehme das Fernglas zur Hand. Tatsächlich, er ist es. Gerade einmal zehn Kilometer Luftlinie von hier sticht die zackige Formation des Tulove Grede-Felsengipfels aus dem Höhenprofil hervor. Wenn der Zrmanja-Canyon der magischste Ort der Filme ist, dann ist der Tulove Grede der mythischste. Dort lag das Nugget-tsil, an dem Intschu-tschuna und Nscho-tschi starben, dort lag die letzte Zuflucht der Apachen, als sie in WINNETOU III vor den Kriegern der Jicarillas und den Banditen flohen, und dort wurde Winnetou erschossen. Es ist ein merkwürdiger Zufall, dass die wirkliche Topografie dem filmischen Raum in diesem Fall genau entspricht. In WINNETOU I brechen die Apachen zum Nugget-tsil auf, und man sieht den Reitertross vom Pueblo in Richtung des Felsengipfels ziehen. Keinen anderen Weg würde man wählen, wenn man diese Strecke wirklich zurücklegen müsste. Lag die letzte Zuflucht des Stammes der Assiniboins aus WINNETOU II in einer Höhle, deren Eingang in Kroatien und deren Innenräume sich in Slowenien befanden, so verhalten sich die Drehorte des Pueblo und der letzten Zuflucht der Apachen räumlich so zueinander, als handelte es sich um historische Begebenheiten. Ist die Membran zwischen Fiktion und Wirklichkeit sowieso schon durchlässig, so war ich für einen Moment ganz perplex und sah die Apachen vor meinem geistigen Auge eben jene zehn Kilometer zum Gipfel hinaufziehen, um den Stamm in Sicherheit zu bringen.

Aber der Besuch des Tulove Grede bildete den Höhepunkt meiner Reise und war für später vorgesehen. Jetzt wandte ich mich wieder dem Canyon und meinen Gedanken zu. Handelt es sich bei der Blutsbrüderschaft nicht eigentlich um eine Männerhochzeit? Lässt sie nicht bereits erahnen, dass Nscho-tschi nicht zum Zuge kommen wird? Aber man darf dieses Wort nicht missverstehen, es geht nicht um Sexuelles. Das Faszinosum der Blutsbrüderschaft quillt nicht aus unterdrückter Homosexualität hervor, wie Arno Schmidt es meinte und damit *den* theoretischen Gassenhauer der frühen Karl-May-Forschung komponierte. Es geht auch nicht um etwas Subtiles, sondern erneut nur um das Einfache, schlicht darum, der Freundschaft ein Ritual zu schenken, das sie in den westlichen Gesellschaften nicht kennt. Denn Freundschaft haftet etwas Vages, auch etwas Unverbindliches an. Wie will man sie messen? Daran, wie oft Freunde sich treffen oder miteinander telefonieren? Ob sie gemeinsam in den Urlaub fahren? Obwohl schon lange ein Kult um die Freundschaft gefeiert wird, entzieht sie sich bis heute rituellen Festlegungen und verwehrt sich der daraus entstehenden Verbindlichkeit. In der tiefen Verbindung von Winnetou und Old Shatterhand, die sich ohne Worte verstehen und auf eine geradezu übernatürliche Weise miteinander zu kommunizieren scheinen, hat Karl May die romantische Vorstellung von der Seelenverwandtschaft auf die Freundschaft übertragen. So wie es auf der Welt den *einen* Partner geben soll, die Schwesterseele, so haben sich Winnetou und Old Shatterhand gefunden, weil sie ebenbürtig sind in ihren Fähigkeiten, weil sie ähnlich denken und handeln, ohne gleich zu sein.

Dass diese tiefe Verbindung trotz ethnischer Verschiedenheit möglich ist, dass es sich um eine interkulturelle Seelenverwandtschaft handelt, macht diese Freundschaft modern und tauglich für die Globalisierung. Die Schwesterseelen aller Länder dürfen sich vereinigen. Zu diesem allgemeinen Rahmen kamen in Deutschland demografische Veränderungen, allen voran der rapide Fall der Geburtenrate ab Mitte der 1950er-Jahre. Schon Sergio Leone, ein Spezialist für Männer- und Freundschaftsbeziehungen, erklärte, dass er als Einzelkind im Rom der 1930er-Jahre gezwungen war, alles auf Freundschaften zu setzen. Diese Erfahrung verwandelte sich mit der Durchsetzung der Ein- oder Zweikind-Familie in einen gesellschaftlichen Trend, der zeitlich mit der Wirkung der Winnetou-Filme zusammenfiel. Auch ich bin eines jener Einzelkinder auf der Suche nach Freundschaft. In Gesellschaften, in denen mehr als ein Drittel der Kinder keine Geschwister hat, wird Freundschaft zu dem sozialen Kitt, sich *mit*einander zu verbinden, allerdings ohne sich *an*einanderzubinden. Für dieses Vakuum lieferte die Blutsbrüderschaft von Winnetou und Old Shatterhand das Sehnsuchtsbild der einzigartigen tiefen Freundschaft, einer Ehe gleich, bei der einem der Stress mit Sexualität und Elternschaft erspart blieb. Ist Freundschaft in Wirklichkeit ein flexibles Konzept, ist der *best friend* zwar der einzige, so bleibt er doch austauschbar und eine serielle Erfahrung. Dagegen setzt die Fiktion der Freundschaft durch das Ritual ein Denkmal aus Würde und Pathos. Einen Blutsbruder kann man nicht mehr austauschen, und vielleicht muss er eben deshalb Sehnsucht und Fantasie bleiben.

Dieser ernste und pathetische Kern des Rituals wurde im Film exakt erfasst. Es herrscht Dämmerung, das Volk der Apachen befindet sich vor dem Pueblo, versammelt im Kreis um die beiden Helden. Old Shatterhand ritzt sich mit dem Messer in das weiche Fleisch des rechten Unterarms, sein Blick ist angespannt und konzentriert, was sich in Lex Barkers charakteristischem Malmen der Backenzähne ausdrückt, bei dem sich in seinen Wangen eine Grube bildet. Er schaut zu Winnetou hinüber und reicht ihm das Messer. Winnetou macht es ihm nach. Darauf folgt eine der für mich gelungensten Einstellungen aller Winnetou-Filme, ein Dreischritt ohne Schnitt: Zuerst sieht man Winnetous Familie, seinen Vater und rechts vor diesem, fast an ihn angelehnt, seine Schwester; dann senkt sich die Kamera und holt die nach oben gedrehten Unterarme von Winnetou und Old Shatterhand ins Bild, in der Mitte markiert durch einen schmalen Blutstreifen. Die Trommeln, die bisher im Hintergrund für eine musikalische Grundspannung sorgten, verstummen. Die beiden drehen ihre Unterarme so aufeinander, dass sich die Einschnitte berühren und sich ihr Blut vermischt. Es herrscht eine solche Stille, dass man das Reiben ihrer Haut zu hören meint. Parallel zur Armbewegung fährt die Kamera zurück, bis dass Winnetou rechts und Old Shatterhand links eingerahmt sind. Die beiden umfassen synchron mit der linken Hand die zum Hervortreiben des Blutes zur Faust geballte Rechte des anderen, um die Unterarme noch fester aneinanderzudrücken. Die Old Shatterhand-Melodie setzt ein. Winnetou spricht vor: «Mein Bruder!», Old Shatterhand spricht nach: «Mein Bruder!» Für einen Moment verharren sie in dieser Stellung, in diesem Bild: im Vordergrund außen die Blutsbrüder, im Hintergrund, aber dafür in der Mitte Vater Intschu-tschuna und die schöne Nscho-tschi. Old Shatterhand hat eine neue Familie gefunden. Die Komposition ist so monumental, dass man sie nicht lange aushalten kann. Schon beim Dreh zeigte sich, wie fragil dieser starke Moment ist, denn die Szene musste mehrfach wiederholt werden. Pierre Brice und Lex Barker lachten regelmäßig los, wenn sie «Mein Bruder!» sagten. Der Film lässt einem gerade die Zeit, das Bild zu erfassen, dann setzt schon eine langsame Überblendung zum nächsten Tag ein, verbunden durch die Musik: Winnetou und Old Shatterhand besuchen das Baumgrab von Klekih-petra, des weißen Vaters der Apachen.

Musik, Kamera- und Figurenbewegungen sind in der Blutsbrüderschaft rhythmisch so genau aufeinander bezogen, dass sie der Szene eine einzigartige Intensität verleihen. Das Dramatisch-Ikonische dieser Verbrüderung hatte einen solchen Modellcharakter, dass wir sie sofort in unseren kindlichen Alltag überführten. Nicht, dass wir uns die Haut aufgeritzt und unser Blut vermischt hätten, das war gar nicht nötig, es reichte völlig aus, sich gegenseitig am Unterarm über dem Handgelenk zu umfassen, denn nichts anderes taten Winnetou und Old Shatterhand, wenn sie sich wiedersahen, offenbar als eine Art symbolische Wiederholung des Blutrituals. Das war doppelt so viel Berührung wie beim gewöhnlichen Handschlag, blieb damit im Rahmen der üblichen Begrüßung, bot aber eine intensivere Variante, vorbehalten für die Freunde, die einem am Herzen lagen und mitspielten.

Ganz anders hingegen verläuft die Blutsbrüderschaft bei Karl May. Zunächst betont Intschu-tschuna bei seiner Ansprache, dass Old Shatterhand die Nachfolge Klekih-petras antrete, weil es dessen letzter Wunsch gewesen war, der andere Deutsche möge in den Stamm aufgenommen werden. Durch diese Erbfolge und diesen sozialen Rahmen erhält das Ritual eine kollektive Färbung, die im Film nur implizit in der Komposition der Beteiligten als Familie und als anschließender Besuch der Grabstätte des weißen Vaters zu sehen ist. Viel stärker tritt die individuelle Bedeutung des Ritus für Winnetou und Old Shatterhand hervor. Vor allem aber unterscheidet sich der Akt selbst, den es übrigens bei den Apachen gar nicht gegeben hat. Karl May übertrug ihn aus ethnografischen Werken über Afrika auf seine Indianer. Dabei führt Intschu-tschuna die Schnitte in die Oberarme aus, entnimmt wenige Blutstropfen daraus, fängt sie in jeweils einer Schale auf, gibt Wasser aus dem Rio Pecos hinzu und reicht sie den beiden zu trinken. Es gibt also keinen Körperkontakt, das Trinkritual bleibt abstrakter, symbolischer, wobei dessen vampireske Assoziationen offenbar auch Karl May unangenehm berührten, wenn er beschwichtigend anmerkt, dass man den Blutstropfen bei diesem Mischungsverhältnis «nicht schmeckte».

Alltagstauglich war das Roman-Ritual nicht, und es hat auch keinen bleibenden Eindruck hinterlassen. Der Winnetou-Mythos zeichnet sich dadurch aus, dass er sich seit sechzig Jahren komplementär aus Eindrücken der Romane und der Filme zusammensetzt, ganz egal, aus welcher Höhe militante Karl-May-Leser wie Hans Wollschläger auf das «Filmgefummel» herabsahen. Der von der filmischen Blutsbrüderschaft inspirierte gegenseitige Griff an den Unterarm war pragmatischer und spielerischer als die Romanversion und zugleich expressiv genug, um als Begrüßung zu taugen, und es könnte mir auch noch mit über fünfzig Jahren passieren, dass meine Finger bei der Begrüßung eines alten Freundes instinktiv seinen Unterarm suchen.

Ich hatte mich wieder auf einen Stein gesetzt, lehnte an einem Felsen und blickte auf den Fluss hinunter. Das Boot des Tauchers lag bewegungslos an der nächsten Messstation im Wasser. Er selbst war nicht zu sehen. Während ich auf das türkisblaue Band starrte, fiel mir ein, dass ich selbst einmal einen Blutsbruder gehabt hatte. Das war mit vierzehn oder fünfzehn Jahren gewesen, an der Nordsee, auf der kleinen Düneninsel Baltrum, wo wir oft die Sommerferien verbrachten. Nur die westliche Hälfte der Insel ist besiedelt, Autos fahren keine, dafür aber Kutschen und Fahrräder. Das bewohnte Gebiet teilt sich noch einmal in ein West- und in ein Ostdorf, Straßennamen gibt es nicht, die Häuser werden durchgezählt. Wir kamen stets in der Pension «Stranddistel» im Haus 129 im Ostdorf unter, nur hundert Schritte von dort entfernt, wo die Dünenlandschaft beginnt, die sich über den Rest der Insel erstreckt. Aus der Luft erinnern die Umrisse Baltrums an einen Gänsekopf: Die Westspitze ragt wie ein Schnabel ins Meer, dann weitet und rundet sich die Insel nach Osten hin zu einem Schädel, unter dessen Auge sich das Ostdorf befindet, um sich anschließend wieder zu verjüngen und einen Hals zu bilden, der etwa ein Drittel der Gesamtfläche ausmacht. Der Süden ist ganz mit Salzwiesen bedeckt, die übergangslos unter dem Meer zu verschwinden scheinen. Fast die gesamte Nordküste hingegen wird von einem Kamm aus weißem Sand gekrönt, der sich über viereinhalb Kilometer hinzieht.

Für die Abende und den Fall, dass das Nordseewetter umschlug, gab es in der «Stranddistel» einen Aufenthaltsraum mit Brettspielen, einem Tisch, einem Sofa und einem Bücherregal. Dort trafen sich die vielen Gastkinder des Hauses, gehörte Baltrum doch zu den bevorzugten Ferienorten von Familien aus dem Mittelstand. Das Herz der Kinderschar unserer Pension bildeten zwei Brüder, der eine etwas älter, der andere etwas jünger als ich. Sie kamen jedes Jahr mit ihrer Mutter, waren allen bekannt und wurden augenscheinlich von allen gemocht. Sie waren nicht nur ortskundig, was unter Kindern eine gewisse Bedeutung hat, sondern auch beide hübsche Jungen, ohne Schönlinge zu sein, zuvorkommend und freundlich, mit einem Selbstvertrauen, das es ihnen erlaubte, ganz natürlich auf die Erwachsenen zuzugehen, ohne altklug oder vorlaut zu wirken. Mir fiel sofort der tiefe Eindruck auf, den sie bei den anderen Eltern hinterließen, hörte, wie die Erwachsenen über sie sprachen, wenn sie nicht dabei waren, und spürte, dass man ihnen eine Achtung zollte, die ich mir nicht erworben hatte. Diese Überlegenheit spielten sie jedoch ihren Altersgenossen gegenüber nicht aus, ja sie ließen sie einen gar nicht spüren, denn weder suchten sie, die Gruppe anzuführen, noch über die Spiele zu bestimmen, sondern wirkten eher als ausgleichende Kräfte, wenn es verschiedene Interessen gab. So bildeten sie auf eine natürliche Art moralische Vorbilder, etwas höchst Seltenes unter Kindern, das ich in dieser Form bei Spielgruppen, die zufällig zusammenkamen wie auf den Spielplätzen meiner Heimatstadt, gar nicht kannte. Ich betrachtete sie daher mit Bewunderung und einer gewissen respektvollen Scheu und beobachtete sie genau, um ihnen ähnlich zu werden.

An einem späten Nachmittag ging ich die Treppe hinunter zum Gruppenraum, um vor dem Abendessen noch etwas zu lesen. Draußen hatte es sich zugezogen, und es drohte bald zu regnen. Das Buch, das ich in der Hand hatte, war Karl Mays *Blauroter Methusalem*. Daher war ich nicht wenig überrascht, als ich in den Raum trat und sah, dass der jüngere der beiden Brüder, Markus mit Namen, in einem Sessel hockte und ebenfalls einen jener unverkennbaren grünen Bände mit Goldbeschriftung auf dem Buchrücken in Händen hielt. Ihm schien es ganz ähnlich zu ergehen, denn er sah mich mit großen Augen ahnungsvoll an. Ich setzte mich zu ihm und wir begannen aufgeregt zu sprechen, spürten wir doch, durch eine gemeinsame Leidenschaft miteinander verbunden zu sein, die jetzt zufällig ans Licht gekommen und eben deshalb umso bedeutsamer für uns war. Wir zählten auf, welche Bände wir gelesen hatten, schwärmten von dem Orientzyklus, hielten die Amerika-Erzählungen dennoch für unerreicht und gaben uns Lesetipps. Er riet mir, *Die Felsenburg*-Trilogie zu lesen, weil Winnetou in deren zweitem Teil Old Shatterhand in Dresden besuchte. Das sei einmalig. Im Gegenzug empfahl ich die Derwisch-Trilogie, die vom Orient über Nordamerika bis nach Sibirien führte und viele unserer geliebten Figuren zusammenbrachte: das Kleeblatt, Winnetou, Old Firehand und Sir David Lindsay.

«Dann können wir morgen doch zusammen die Dünenlandschaften erkunden», platzte es aus mir heraus.

Daraufhin verdunkelte sich seine Miene, er schwieg für einen Augenblick. War ich zu schnell vorgeprescht? Hatte ich mir eine freundschaftliche Nähe angemaßt, die mir nicht oder noch nicht zustand? Oder war es ihm zu kindisch, in den Dünen herumzulaufen und Indianer zu spielen? Denn selbst mit einem literarischen Hintergrund blieb es doch ein Indianerspiel. Ich wollte schon meinen Vorschlag zur Beschwichtigung abmildern, wenn nicht sogar zurückziehen, als er betrübt antwortete, dass sie morgen bereits abreisten. Ich senkte enttäuscht den Blick. Da hatte ich nun einen Freund gefunden und sollte ihn sofort wieder verlieren.

Am nächsten Morgen begleitete ich ihn bis zur Anlegestelle. Die Mutter und der ältere Bruder zogen das Gepäck in einem der Bollerwagen der Pension hinter sich her, und wir beide folgten ihnen, in das Gespräch vertieft. Bald stand ich zwischen anderen auf den mit Sand überwehten roten Pflastersteinen am Kai und sah ihm nach, wie er in die Fähre stieg. Kurz darauf schaute er vom Oberdeck auf mich herunter; ich winkte zurück. Als das Schiff sich in Bewegung setzte, begleitete ich es bis zum Ende des Gehwegs, dann dauerte es nicht lange, bis er unter den Menschen auf dem Oberdeck nicht mehr zu erkennen war, und mit jeder weiteren Sekunde schrumpfte die Fähre dahin. Ich fragte mich, ob er sehen konnte, wie ich hier allein auf der Mole stand. Bis zum Festland, genauer gesagt bis zum Fährhafen in Neßmersiel waren es nur drei Kilometer, aber der Blick auf ein Meer, das sich zwischen uns schob, ließ sie unüberwindlich erscheinen. Als die Fähre verschwunden war und ich mich wieder der Insel zuwandte, wirkte sie auf mich leer und verlassen.

Aber wir hatten Adressen ausgetauscht und konnten uns Briefe schreiben, in der Hoffnung, uns im nächsten Jahr auf der

Insel wiederzusehen. In den Dünen hatten wir nicht spielen können, nun aber spielten wir mit Briefen miteinander, indem wir zwei Blutsbrüder verkörperten und den feierlichen und blumigen Sprachstil der Indianer nachahmten. Markus erwies sich darin als wahrer Meister. Er hoffte, mit mir über den singenden Draht zu sprechen und dass das Feuerross uns bald wieder zusammenführte. Er zählte die Monde, die seit unserem Abschied vergangen waren, und jene, die bis zu unserem Wiedersehen noch vergehen würden, erzählte von den Jagdgründen, die auf uns warteten, auf uns Städter, die wir einmal die Wildnis geschmeckt hatten und nun immer wieder dorthin zurückkehren müssten. Ich antwortete, dass mein Herz wie ein Falke in die Lüfte flog, wenn mich eine seiner Botschaften erreichte, und dass ich täglich den einzigen Hügel in unserem flachen Land bestieg, um nach ihm Ausschau zu halten.

Wir waren keine Kinder mehr, aber auch noch keine Jugendlichen, sondern lebten im Niemandsland dazwischen, auf jener kurzen Transitstrecke, in dem die kindlichen Leidenschaften noch gelten, aber schon von heranwachsendem Verstand gelenkt werden, einem Sturmauge gleich, von dessen Mitte aus die Wirbel sexueller Schübe und identitärer Verunsicherungen noch nicht zu spüren sind.

Ein Jahr, das schien eine Ewigkeit, hoch wie ein Turm, dessen Ende sich in den Wolken verlor. Und doch verging es. Dann standen wir plötzlich in Haus 129 wieder einander gegenüber, als habe es das lange Warten nicht gegeben. Am nächsten Morgen, als alle zu den Stränden zogen, machten wir uns endlich in das unbewohnte Innere der Insel auf, um die Dünenlandschaft zu «rekognoszieren», wie es bei Karl May hieß, und zwar bis zum Ostende. Natürlich handelte es sich nicht um eine wirkliche Erkundung des Gebietes, das von Wegen durchzogen war, manche davon zum Teil gepflastert. Es war eine Scheinwildnis, besät mit Zeichen der Zivilisation, Bedrohungen unserer Illusion, von welcher der Reiz unseres Unternehmens abhing. Dieser Ausgangslage musste die Maske eines Spiels übergestülpt werden, eine Kulisse aus Regeln. Solche Spielregeln fanden wir ohne Absprache auf ganz natürliche Weise, weil sie sich wie von selbst aus den Umständen ergaben. Im Rückblick liegt für mich etwas Erstaunliches und Überraschendes darin, damals war es hingegen das Gewöhnlichste und Alltäglichste, die Wirklichkeit so zu verändern, dass sie unserem Spielhunger die größte Nahrung bot. Die erste Regel lautete, dass wir Blutsbrüder waren und einer für den anderen einzustehen hatte. Dabei war von vornherein klar, dass Markus Winnetou und ich Old Shatterhand sein musste, denn mit meiner hellen Komplexion und meiner empfindlichen Haut, die sich ohne Schutz nach einer Viertelstunde Sonne rötete, war es völlig ausgeschlossen, mich illusionsfähig als Apachen auszugeben. Er hingegen wurde braun; auch sein dunkelblondes Haar prädestinierte ihn dazu, zumindest im Vergleich zu mir.

Waren wir Blutsbrüder, so waren alle anderen mögliche Gegner und Gefahren. Es wandelten zwar nur wenige Spaziergänger auf den Wegen zwischen den mit Sanddorn und Heidekräutern bewachsenen Braundünen, aber sie waren zahlreich genug, um aus ihnen die dramaturgisch wichtigste Regel abzuleiten: Wir mussten das Ostende erreichen, ohne von jemandem gesehen zu werden. Dazu war es nötig, die ausgewiesenen Pfade zu meiden und sich quer durch das Gelände zu schleichen. Hüfthohe Zäune sperrten immer wieder Areale ab, aber wir kletterten einfach hinüber, zumal diese Grenzüberschreitung einen zusätzlichen Reiz bot. Und waren wir einmal gezwungen, auf einem der ausgewiesenen Wege zu gehen, so war dies besonders riskant und ein kleiner Höhepunkt an Gefahr, entdeckt zu werden, dem wir mit besonderer Konzentration begegneten.

Wir suchten Schutz hinter den Sträuchern, flüsterten uns Beobachtungen zu, eilten in die nächste Mulde hinunter und robbten dann vorsichtig bis zu deren Kante hinauf, um Ausschau zu halten, und ließen uns, wenn die Luft rein war, in den nächsten Krater hineinrollen. Dass die Spaziergänger uns nicht beachteten und auch gar nicht entdecken wollten, war uns natürlich bewusst, spielte aber keine Rolle, denn es reichte ein Blick ihrerseits aus, um uns zu vernichten, nicht anders als beim Anschleichen in den *dark and bloody grounds*. Verloren hatte man, wenn man entdeckt wurde, egal, was daraufhin geschehen mochte. Keine leichte Aufgabe, denn bis zum Ostende waren es etwa drei Kilometer. Damit waren wir stundenlang beschäftigt, so sehr, dass wir die östlichen Weißdünen nie erreichten, auch weil wir das Spiel immer wieder unterbrachen, besonders in tiefen Kratern, in denen Erde und Sand offen lagen und einen weichen Untergrund bildeten, um Faustkämpfe in Zeitlupe durchzuführen und uns auf den Boden fallen zu lassen, wenn wir getroffen wurden. Körperkontakt wurde dabei vermieden, ein Ringkampf war ausgeschlossen, denn es ging nicht darum, sich miteinander zu messen. Der Faustkampf in Zeitlupe machte uns gleich stark, erlaubte dem Schwächsten, gegen den Stärksten anzutreten, denn es ging nur um den Genuss der verlangsamten Bewegungen und denjenigen eines Schauspiels, in dem Austeilen und Einstecken denselben Reiz hatten. Wer angegriffen wurde und die Faust langsam auf sich zukommen sah, durfte Schmerz-Grimassen schneiden, durfte in die Hände klatschen, wenn er getroffen wurde, vor Schmerz aufschreien, dann langsam hinstürzen, bekam dabei vielleicht noch einen Schlag und klatschte wieder oder aber er holte zum Gegenschlag aus. Dann tauschte man die Rollen. Geleitet wurde das Spiel von einem intuitiven Gerechtigkeitsgefühl, und beide Boxer achteten darauf, dass jeder ungefähr eine gleiche Anzahl von Schlägen verteilte oder einsteckte. Aber vielleicht lag es auch daran, dass beide Rollen gleich attraktiv waren und man ebenso gerne schlug wie geschlagen wurde. Liebte man beim Schlagen das Gefühl von Stärke und Überlegenheit, so konnte man beim Einstecken seine schauspielerischen Fähigkeiten viel besser in Szene setzen und alle Beteiligten mit akrobatischen Bewegungen begeistern. Zugleich verlangte das Spiel hohe Konzentration und genaue Abstimmung aufeinander, eine Art verlangsamtes Ballett.

Zeitlupen-Faustkampf wurde auch gerne drinnen gespielt, wobei sich die Handlung choreografisch schnell vom Kinderzimmer über den Flur durch die ganze Wohnung erstreckte. Das allerdings nur, wenn die Erwachsenen nicht dabei waren, die solche Aufführungen gar nicht mochten, rissen die Spielenden bei ihren Stürzen doch oft etwas von dem mit, was ihnen teuer war. Dabei waren es nicht zuletzt dieses Chaos und diese Verwüstung, die das Spiel für uns Kinder in ein echtes Erlebnis verwandelten, weil sie wie Spuren eines echten Kampfes wirkten und dessen Ablauf für alle sichtbar machten.

Das Faust-Spiel war gut mit dem Verhältnis zwischen Winnetou und Old Shatterhand vereinbar, denn dieses beruhte nicht auf Rivalität, sondern auf einer ebenso ungewöhnlichen wie harmonischen Verbindung aus Solidarität und Wettbewerb. Es ging ihnen nicht einfach darum, sich gegenseitig aus der Bredouille zu helfen und den anderen herauszuboxen, beide waren Superhelden, bildeten die Elite unter den Westmännern, waren Häuptlinge und somit Könige, allerdings nicht aus Geburtsrecht, sondern aus Leistung. Und diese Leistungsfähigkeit hatten sie sich immer wieder zu beweisen, ohne den anderen dabei zu übertrumpfen. Dieser rücksichtsvolle Wettbewerb zwischen beiden bestand darin, sich einander würdig zu erweisen, und war erst dann gewonnen, wenn es zwei Sieger gab. Sicherlich hätten wir dies damals nicht mit Worten erklären können, das war auch gar nicht nötig, wir spürten es und handelten einfach danach.

Wieder riss mich Motorengeräusch aus meinen Gedanken. Ich erhob mich, wandte mich um und war nicht wenig erstaunt darüber, dass der Kleinwagen mit den drei Pensionären wieder heranwackelte. Er hielt aber nicht beim Erreichen der freien Fläche, sondern fuhr weiter und steuerte genau auf mich zu. Wenige Meter vor mir stoppte er, der Fahrer schaltete den Motor aus, die Türen öffneten sich und die drei näherten sich mir aufgeregt. Der große Kroate sprach mich auf Englisch an, sein Freund habe sein Handy hier verloren, ob ich es gefunden hätte.

Der Kleine stand hinter ihm und sah mich erwartungsvoll an. Ich schüttelte den Kopf, dann erklärte ich ihnen, wo ich entlanggegangen war, damit sie dort nicht suchen mussten.

Der Große übersetzte es dem Kleinen, der heftig nickte und «Allora so dov'è, allora so dov'è» rief, wobei er mit den Armen herumwirbelte, um die Gruppe in Bewegung zu setzen. Dann ging er flussaufwärts am Rande des Canyons voran, wo sie bald hinter einem Felsen verschwanden.

III

Die sinnlichen Wasser der Krka

Wasser, Wasser, Wasser. Was die Winnetou-Filme vom Western unterscheidet, sind die Fruchtbarkeit der kroatischen Landschaft, ihre unglaublichen Flüsse, Seen und Wasserfälle sowie die eigenwillige Küste der Adria zwischen Opatija und Dubrovnik mit ihren langgezogenen, in der Vorzeit einmal zum Festland gehörenden Inseln, welche die Meerengen vom Ufer aus als große Seen erscheinen lassen. Zu einem der eindrucksvollsten Wassergebiete des Landes gehört der Nationalpark Krka mit seinen zahlreichen kleinen und großen Wasserfällen und seinem verschlungenen Flussweg, der sich mitunter zu weiten Seen ausdehnt und von pittoresken Felsformationen gesäumt wird.

Ich fuhr zunächst in das Städtchen Skradin, durchquerte dessen enge Gassen, von wo aus ich den einen oder anderen Blick in helle Innenhöfe erhaschte, bis ich den Sporthafen erreichte.

Dort stieg ich in eine Fähre und fuhr bis zu den Wasserfällen Skradinski Buk. Wie bei den Plitvicer Seen haben sich hier Barrieren aus Kalkstein gebildet, sogenannte Rauwacken, allerdings ergießt sich das Wasser der Krka auf deutlich engerem Raum über eine steilere Wassertreppe mit in sich verschachtelten Stufen. Von der Anlegestelle aus führt eine Brücke über die Krka, auf der man dem Naturwunder gegenübersteht. Wegen der Regenfälle trat das Wasser heute an allen Seiten über die Ufer, rauschte mit mächtiger Kraft die Kalktreppe hinunter und schickte den wenigen Betrachtern auf der Brücke eine nicht endende Sprühdusche, sehr zum Leid von Fotografen und Wasserscheuen. Im Sommer darf hier gebadet werden, jetzt war angesichts dieser Wassermengen und der Kräfte, die sie freisetzten, nicht daran zu denken. Ich überquerte die Brücke und folgte dem Rundgang, der mich bald direkt an die Kaskaden führte. Von der Balustrade an der Ruine eines ehemaligen Wasserkraftwerks aus kam man so nah an die schäumende Wut heran, dass man seine Hand hineinstecken konnte. Hatte das Plateau sich verändert oder machten die Wassermassen es unkenntlich? Das Relief der Kalktreppe war weitgehend unter dem Strom verschwunden, der so stark aufschäumte, dass man ihn gar nicht als Wasser, sondern eher als eine Schneelawine wahrnahm, die sich rücksichtslos durch das Tal ergoss. Abgesehen von der Brücke und der Ruine des Wasserkraftwerks, die in OLD SHATTERHAND zu sehen sind, konnte ich keine weiteren Motive erkennen, obwohl Old Shatterhand und Nscho-tschi in WINNETOU I hier angeln gehen und Sam Hawkens mit der beleibten Indianerin Vollmond herumturtelt. Aber die Aufnahmen wurden im Hochsommer gemacht, als die Krka nur wenig Wasser führte, die Ufer sich ausweiteten und Inseln aus Moosen und Gräsern hervortraten, über die sie sonst hinwegrauscht. Jetzt hingegen hielt die Schaumlawine alles unter sich bedeckt.

Zeichneten sich die in der Wüste bei Almería gedrehten Italowestern durch ihre Trockenheit aus, so war der Skradinski Buk das Emblem einer Landschaft mit ganz anderen Konnotationen.

Wasser, Grün und Fruchtbarkeit wurden kulturhistorisch stets mit Weiblichkeit in Verbindung gebracht. Hatten die Winnetou-Filme nicht einen solchen weiblichen Anteil? Gab es nicht in jedem Film eine Schönheit, unter denen Nscho-tschi nur die bekannteste war? Und hatten frühere Kulturdeuter die Besonderheit Winnetous nicht darin gesehen, dass er meso- oder (in späterem Fachjargon) metrosexuell sei? Stand der Italowestern für Zynismus und Härte, so passte die fruchtbare Landschaft Kroatiens zu den Friedensbotschaften, dem Edelmut der Helden und der Geschlechtergleichheit, die man in den Winnetou-Filmen beobachten konnte. Sergio Leone hatte mit Clint Eastwood in ZWEI GLORREICHE HALUNKEN eine Liebesszene gedreht, dann aber nicht verwendet, weil sie nicht «passte», und mit Blick auf den Skradinski Buk ergänze ich: weil sie nicht in die trockene andalusische Landschaft passte.

Bei Winnetou aber durfte man sich verlieben, auch wenn die Hauptheld en nicht glücklich wurden, weil die Angebeteten entweder sterben oder aus politischen Gründen an andere vergeben werden mussten. Heiraten durften nur die Nebendarsteller. Das ist natürlich ein Genregesetz, denn mit der Ehe hört bekanntlich jedes Abenteuer auf, und das konnte man sich bei Winnetou und Old Shatterhand nicht erlauben.

Wenn Liebe auch gestattet war, so galt das nicht für Sex. Nscho-tschis ganze Sinnlichkeit lag in ihrem langen dunklen Haar und ihrem sehnsuchtsvollen Blick, aber man fragte sich nicht, was sich unter dem hochgeschlossenen Hirschlederkostüm verbarg. Nur wenn die Winnetou-Filme einen Touch US-Western bekamen, tauchte auch Sexuelles auf. Einmal in den Filmen mit Stewart Granger, der die Figur des Old Surehand sichtlich amerikanisierte und in UNTER GEIERN die vollbusige Elke Sommer explizit aufforderte, ihre weiblichen Rundungen einzusetzen, um zwei der Banditen in eine Falle zu locken. Noch deutlicher in dem weniger bekannten Film OLD SHATTERHAND. Als der Produzent Horst Wendlandt mit dem SCHATZ IM SILBERSEE erfolgreich gewesen war und mit WINNETOU I schon den nächsten produzierte, wollte sich die CCC, also sein schärfster Konkurrent und ehemaliger Chef Artur Brauner, auch ein Stück vom Karl-May-Kuchen abschneiden. Hatte schließlich nicht er als Erster Lex Barker in seiner Produktion IM STAHLNETZ DES DR. MABUSE nach Deutschland gebracht? Durch günstige Umstände gelang es ihm, auch Pierre Brice zu verpflichten. Mit enormem Kostenaufwand ließ er 1964 OLD SHATTERHAND als dritten Winnetou-Film drehen und näherte ihn einem typischen US-Western an. Plötzlich spielte Sex eine Rolle. «Macht eure Kleider straff und eure Herzen locker», befiehlt die Saloonlady ihren Damen, als Kundschaft naht. Den Höhepunkt aber bildet eine Nacktszene, bei der ein Double für die schöne Hauptdarstellerin Daliah Lavi hüllenlos und mit gut sichtbarem Schamhaar vom Skradinski Buk ins Wasser springt und dabei das Interesse eines Soldaten weckt, der sie zu vergewaltigen versucht.

Hierbei muss man bedenken, dass die Winnetou-Filme, die von Pierre Brice zwar äußerlich zusammengehalten werden, sich tatsächlich jedoch in zwei Gruppen aufteilen, und zwar einerseits in DER SCHATZ IM SILBERSEE, WINNETOU I bis III und den drei Filmen mit Old Surehand – UNTER GEIERN, DER ÖLPRINZ, OLD SUREHAND I – die durch erfolgreiche Fernsehausstrahlungen in den 1970er- und 1980er-Jahren als Hauptreihe kanonisiert wurde, sowie andererseits in die Nebengruppe aus OLD SHATTERHAND, WINNETOU UND DAS HALBBLUT APANATSCHI, WINNETOU UND SEIN FREUND OLD FIREHAND und WINNETOU UND OLD SHATTERHAND IM TAL DER TOTEN, deren Fernsehauswertung aus unterschiedlichen Gründen eingeschränkt war. Man muss sagen zum Glück, denn bis auf den letzten von ihnen, der zugleich der letzte Winnetou-Film der Welle gewesen ist, reichen sie nicht an die anderen heran und unterscheiden sich zum Teil so tiefgreifend von ihnen, dass sie deren Breitenwirkung gefährdet hätten. Besonders deutlich wird dies bei OLD SHATTERHAND, denn neben dem Sex weicht er in weiteren zentralen Punkten von den anderen Filmen und von den Grundprinzipien der May'schen Reiseerzählungen ab.

Es beginnt schon mit der Filmmusik. Nicht Martin Böttcher komponierte, dessen Arbeit stilbildend für fast alle weiteren Filme wurde, sondern der Italiener Riz Ortolani, der ein stereotypes US-Westernthema aus triumphierenden Bläsern schrieb, das monoton den ganzen Film über erschallt, wenn auch mal symphonisch, mal mit Gitarre oder mal gesungen. Wie anders klangen dagegen Martin Böttchers sehnsüchtige Melodien in der Tradition der Romantik, die ein wahres Kulturgut geworden sind. Ihr umwerfender Erfolg – die Old-Shatterhand-Melodie wurde zum erfolgreichsten deutschen Titel der 1960er-Jahre – ergibt sich meiner Meinung nach aus ihrem engen Bezug zu Landschaft und Bewegung. Nehmen wir als Beispiel den SCHATZ IM SILBERSEE.

Nach der Constantin-Fanfare beginnt der Film mit einem Schwarzbild und einem kurzen Moment der Stille. Dann setzt das Glissando der Old-Shatterhand-Melodie ein, parallel dazu eine Aufblende: Winnetou und Old Shatterhand reiten im Trab über eine Ebene. Die Melodie bezieht sich also von vornherein auf beide und steht für ihre Freundschaft. Dass sie offiziell nur nach Old Shatterhand benannt wurde, war eine Entscheidung der Schallplattenfirma. Auch WINNETOU I und III werden so beginnen, nur in WINNETOU II erklingt zum Prolog die Winnetou-Melodie, die aber ebenso wie die spätere Old-Surehand-Melodie nach demselben Muster aufgebaut ist. Alle drei beginnen mit einem großen Tonsprung, der in der Old-Shatterhand-Melodie eine Oktave umfasst. Zudem haben die Töne auffällig lange Notenwerte, die dann und wann mit einem Vibrato noch in die Länge gezogen werden. Die großen Tonsprünge und langen Notenwerte eröffnen synästhetisch einen Blick in die weite Landschaft, während der gleichmäßige Rhythmus der gezupften Bässe und hintergründigen Perkussion den Trab der Pferde nachahmt. Legato und Halleffekte kommen noch hinzu, sodass eine perfekte Übereinstimmung von Bildern und Musik entsteht: Mit Augen und Ohren durch die weite Landschaft reiten, das fasst das sinnliche Erlebnis dieser Prologe zusammen.

Ganz anders Böttchers Melodien der Gegenspieler. Gaben in den drei Heroen-Melodien die Streicher das Thema an, auf das die Hörner harmonisch antworteten, so dominieren bei den Tramps, so der Name der Bande, die Blechbläser, markant und aggressiv darunter die Posaune, oft im Stakkato, und natürlich das Schlagwerk, das einen peitschenden Rhythmus vorgibt. Ganz ähnlich klingt es bei den Schurken-Melodien aus DER ÖLPRINZ, UNTER GEIERN oder WINNETOU III.

Die Musiken für Gut und Böse sind zudem mit anderen Bewegungsmustern verbunden: Während die Themen der Hauptfiguren im Trab daherkommen, galoppieren die Gegenspieler heran. Das moralisiert gleichsam die Melodien: Denn es sind immer die Bösen, von denen Angriffe ausgehen, die Guten bleiben ganz im Sinne Karl Mays defensiv. So hat Böttcher alle aktionsgeladenen Szenen mit den Melodien der Gegenspieler untermalt. Die Bläser, oft im Crescendo eingesetzt, dehnen sich dabei scheinbar aus und drängen sich wie die Körper der Angreifer plastisch in den Vordergrund, direkt auf das Publikum zu. Die Heroen-Melodien hingegen locken uns, man möchte sagen: atmen uns in die Tiefe der Landschaft ein, die wir in aller Ruhe betrachten können.

Dem oben beschriebenen Einstieg entsprach in den kanonischen Titeln ein stilbildender Ausstieg. Denn im Unterschied zu «gewöhnlichen» Filmen hatten sie keinen Nachspann, nicht einmal das Schlusswort «Ende», sondern klangen zur Musik aus, die auch nach der Schwarzblende noch weiterspielte. Dieser erzählerische Kniff hatte eine besondere, ja geradezu mythische Wirkung, denn wenn am Ende wie üblich die Namen aller Beteiligten über die Leinwand laufen, wird ein Film zum Artefakt erklärt – Winnetou und Old Shatterhand aber standen für sich, waren nicht «gemacht», ließen sich nicht reduzieren auf die Arbeit eines Teams, ritten mit der Schwarzblende davon, ritten weiter, lebten weiter und warteten nur darauf, mit der nächsten Aufblende wieder sichtbar zu werden.

Selbst davon wich OLD SHATTERHAND ab, der mit dem Wort «Ende» abschloss und die Musik mit der Schwarzblende verstummen ließ. Vorbei. Ebenso gravierend war die Umdeutung der Hauptfiguren. Man fährt aus dem Sessel hoch, wenn der sonst so einfühlsame und rhetorisch weihevolle Old Shatterhand seinen Freund Sam Hawkens salopp auffordert, seine Handketten zu zerschießen: «Hol dir ne Pistole und puste das Ding durch!» Und Winnetou ist kein roter Gentleman mehr, sondern ein aggressiver Wilder, den man hier das erste und einzige Mal in Kriegsbemalung sieht. Wird er bei May mit einer einzigartig vorausschauenden Intelligenz versehen, der nur diejenige Shatterhands gleichkommt, so wirft sein unkoordinierter Angriff auf das Fort, der im Film 15 lange Minuten füllt und vielen seiner Krieger das Leben kostet, kein gutes Licht auf seine strategischen Einsichten. Überhaupt spielt Gewalt hier eine größere Rolle. Anstelle der May'schen Tötungshemmung und den sich daraus ableitenden Schüssen in Beine und Knie, gibt es Kopfschüsse, und – das ist ein wirklicher Tabubruch – die Ermordung eines Kindes durch Banditen. Sogar Winnetou tötet in einem Zweikampf einen verfeindeten Häuptling mit einem Messer. So etwas hatte es bei den Zweikämpfen der kanonischen Titel nicht gegeben: Im SCHATZ IM SILBERSEE etwa schlägt Old Shatterhand seinen Gegner, den Großen Wolf, mit seiner Schmetterfaust k. o. und beruhigt die Krieger der Utahs: «Der Große Wolf ist nicht tot. Ich schenke euch sein Leben.» Und genauso verfährt Winnetou mit Häuptling Roter Büffel im TAL DER TOTEN.

Auch die moralischen Botschaften kommen in OLD SHATTERHAND plakativer daher. So erklärt die Saloonlady, dass Old Shatterhand von einer Welt träume, in der alle Menschen gleich seien, und an anderer Stelle wird offen gegen Rassismus plädiert. Dagegen ist natürlich nichts einzuwenden, aber die kanonischen Filme hatten es gar nicht nötig, dies so platt zu affichieren, denn sie machten es einfach vor.

Ungewöhnlich sind zudem einige «ethnografische» Szenen: Gesangseinlagen, Tanzabende, am verstörendsten darunter der zuckende Indianer-Stomp, der einem Angst macht, auch der stoische Winnetou könnte gleich aufstehen und mithüpfen. Der

Tanz passt übrigens gar nicht dazu, dass die Apachen in einer anderen Szene mal eben Tintenfass und Feder aus dem Wigwam holen, damit eine Unterschrift geleistet werden kann. Und das ist nur eine von vielen Ungereimtheiten, zu erwähnen wären auch noch die in der grünen Landschaft des Films viel zu auffälligen Dekor-Kakteen …

Umso erstaunlicher ist, dass auch der sonst für Trends so empfindsame Horst Wendlandt nur zwei Jahre später ähnlich gravierende Fehlentscheidungen fällte, als er die mittlerweile zu *Bravo*-Stars avancierten Pierre Brice und Marie Versini in WINNETOU UND SEIN FREUND OLD FIREHAND wieder zusammenführen wollte, ihnen aber nur Nebenrollen zusprach und das Hauptgewicht ausgerechnet dem 56-jährigen kanadischen Darsteller Rod Cameron anvertraute. Der Erfolg der Italowestern Leones hatte einen neuen Trend eröffnet, dem Wendlandt nun auch mit Winnetou gerecht werden wollte. Das Setting wurde trockener, mexikanischer, katholischer, die Handlung gewalttätiger. Und in dem Kostüm für Harald Leipnitz, der den Schurken spielt, kopierte man einfach die Aufmachung Clint Eastwoods aus den Dollar-Filmen: Blaues Hemd, weiße Lammfellweste, schwarzes Halstuch – natürlich ohne den berühmten Poncho, der allzu offensichtlich gewesen wäre.

Mittlerweile war das Drehen in Jugoslawien deutlich teurer geworden, sodass man die Anzahl der Drehorte reduzierte und zudem ungewöhnlich lange Studioaufnahmen machte. Schockierend ist die Ausgestaltung der beiden Apachen: Nicht nur nahm man sich die Freiheit heraus, eine Flirtgeschichte zwischen Nscho-tschi und dem Machokotzbrocken Tom einzuflechten, sondern degradierte Winnetou zu einer Nebenrolle und dazu, in einer Szene von einem Mexikaner auf seinem Pferd einen Abhang hinunter gedrängt zu werden, hinabzustürzen und dann bäuchlings im Staub zu liegen. Hier trat man das Idol wörtlich mit Füßen.

Nach dem Rundgang kehrte ich mit der Fähre nach Skradin zurück und machte mich auf den Weg zu einem weiteren Wasserfall, dem rund zwanzig Kilometer entfernten Roški Slap. Er und seine Umgebung hatten bereits WINNETOU I eindrucksvolle Motive geschenkt und sollten dies auch noch für den letzten Winnetou-Film, WINNETOU UND OLD SHATTERHAND IM TAL DER TOTEN, tun. Kurz vor dem Ziel windet sich die Straße um einen markanten Felsen, der WINNETOU I mit dem TAL DER TOTEN verbindet und den Kreis der Filme motivlich schließt. Die Steinschichten lagern sich hier siebenfach aufeinander, einige davon sind gelbrot gefärbt und erinnern an Käsescheiben, sodass der Fels, wenn man die Augen zusammenkneift, wie ein riesiges mehrlagiges Sandwich aussieht. Vor dieser Kulisse zogen in WINNETOU I die Apachen auf dem Weg zum Nugget-tsil und im TAL DER TOTEN Winnetou im Galopp vorbei, ein letzter Gruß für den aufmerksamen Zuschauer.

Kurz darauf überquerte ich auf einer schmalen Brücke die Krka, stellte den Wagen ab und ging flussaufwärts. Rechts von mir türmten sich Gesteinsschichten schräg auf, ein gesicherter Weg führte zu einem Plateau, und ich konnte der Versuchung nicht widerstehen, ihn eilig hinaufzusteigen und in kürzester Zeit vierzig Höhenmeter zu bewältigen. Von dort bot sich ein grandioser Ausblick auf das Tal, nicht auf den Roški Slap selbst, der von Bäumen verdeckt war, sondern auf die über ihm liegenden sanft fallenden Stromschnellen der hier sehr breiten Krka, im Volksmund «Halsketten» genannt, und von denen ganz anders als vom Skradinski Buk eine heilige Ruhe auszugehen scheint. Sie zogen mich magisch an und ich eilte den steilen Weg wieder hinunter.

Am Ostufer der «Halsketten» waren Szenen aus IM TAL DER TOTEN gedreht worden, unvergessen aber blieb das Nachtlager der Apachen am Westufer aus WINNETOU I, denn hier hatten Nscho-tschi und Old Shatterhand auf einem Baumstamm gesessen und sich über das Nugget-tsil unterhalten, wo sie das Gold für ihre Lehrzeit in St. Louis holen wollten. Und wieder spielte Liebe vor dem herrlich sanft dahinziehenden Wasser eine Rolle, denn als Old Shatterhand Nscho-tschi fragt, ob ihr der Abschied schwerfallen werde, antwortet sie hintergründig: «Wenn ich an das Wiedersehen denke, nicht.»

Das Westufer ließ sich über einen schmalen Holzsteg erreichen, der direkt über die Fälle führte und einem wie schon in Plitvice die Illusion schenkte, mitten im Wasser zu stehen. Auf der anderen Seite wendete ich den Blick zurück. Das Tal weitete sich hier, die Felsplateaus über den Ufern wirkten deutlich niedriger. Die derzeitigen enormen Wassermengen hatten den Fluss auch hier über seinen Rand treten lassen, sodass er breit wie die größten Ströme des Kontinents geworden war und sich der Blick in weite Fernen verlor, in denen das Wasser unendlich zu rauschen schien.

IV
Eine Schlucht in Schleiern

Zwischen dem Osten und dem Westen Kroatiens erstreckt sich das Velebit-Gebirge, ein Massiv der Dinarischen Alpen von knapp 150 Kilometern Länge. Wie ein Wall, der an seiner höchsten Stelle 1.700 Meter erreicht, legt es sich vor die warme Küstenzone, als wolle es sie vor dem Gebirgsklima des Inlandes schützen. Doch dafür hat sie einen Preis zu zahlen. Der Osten schickt die Bora, um seinen Tribut einzutreiben, heftige Fallwinde von bis zu 250 Stundenkilometern, die stärksten der Welt, die wie eine Sichel von den Gipfeln des Gebirges hinabfahren, wenn die kalte Luft des Ostens auf die warme des Westens trifft. Ist das Velebit auf der Ostseite dicht bewaldet, so bleiben die Westhänge und die darunter liegenden Plateaus kahl und steinig. Alles, was nicht niet- und nagelfest ist, bläst die Bora weg und lässt bis heute den Verkehr auf Brücken und anderen Angriffsflächen innehalten, wenn ihre wütende Hand über die

Ebenen rauscht. Aus Respekt haben die Menschen ihr an der Westseite des Gebirges einen Korridor gelassen, über den sie ungestört hinwegfegen kann, und sich in die unmittelbare Nähe der Küste zurückgezogen, wo sie vor der Wut der Fallwinde einigermaßen in Sicherheit sind. In diesem Korridor hat sich eine in Europa einzigartige und höchst unwirtliche Landschaft herausgebildet, die von der Zivilisation weitgehend gemieden wurde und bis heute ihre ursprüngliche Aura bewahrt hat. Das trockene, kahle und steinige Westvorland des Velebit gehört zu den letzten Gegenden unseres Kontinents, in denen man sich an manchen Stellen noch im Kreis drehen kann, ohne dabei Spuren der modernen Welt zu entdecken.

Auf dem Weg vom Osten des Landes zur Küste war man in früheren Zeiten auf die wenigen Passstraßen angewiesen, lange Zeit nur Schotterwege, bevor 2003 der Tunnel bei der Ortschaft Sveti Rok eröffnet wurde, eine fünfeinhalb Kilometer lange Röhre, wie eine Schleuse, die einen wie mit Zauberhand vom grauen Himmel des Landesinneren in die gelbe Sonne der Adria versetzt.

Als ich den Tunnel durchquert hatte, fuhr ich zunächst in westlicher Richtung weiter, um nach Norden abzubiegen, wo sich bei Starigrad der Nationalpark Paklenica mit seinen beiden Schluchten befindet, die zum Markenzeichen der Karl-May-Filme geworden waren. In Starigrad angekommen, bog ich jedoch noch nicht in die Straße zur Schlucht ein, sondern steuerte zunächst das Ortsinnere an, um das dortige Winnetou-Museum zu besichtigen. Es öffnete um elf Uhr, und weil ich früher dort war, schlenderte ich noch durch den an der Längsseite gelegenen Vorgarten. Dort waren ein paar Tafeln aufgestellt, aus der Mitte ragte ein Kamerakran der Jadran-Film-Gesellschaft hervor, einer der damals bestausgerüsteten Produktionsfirmen in ganz Osteuropa, die zusammen mit Horst Wendlandts Rialto die kanonischen Winnetou-Filme hergestellt hat. Das äußere Blau des Krans war stark angerostet, die gelbe Farbe der innen liegenden Verstrebungen hingegen besser erhalten. Was einst fortschrittliche Technik war, wirkt heute wie ein Klettergerüst eines Spielplatzes aus den 1970er-Jahren. Wer würde nicht gerne zur kleinen Kanzel an der Kranspitze hinaufsteigen, wo einst der Kameramann saß?

Das Museum scheint ein Anbau des ehemaligen Motels zu sein, in dessen damals vierzig Zimmern die Filmteams untergebracht waren. Alles wirkt prosaisch, unspektakulär und will so gar nicht zum weihevollen Pathos der Filme passen. Und dennoch haben Pierre Brice und Lex Barker, Elke Sommer und Karin Dor ebenso wie Götz George und Mario Girotti hier übernachtet.

Ich blickte zur Straße hinauf in der Erwartung, dass jeden Augenblick jemand kommen müsse. Die scheinbar gewöhnliche Landstraße war die berühmte Jadranska Magistrala, die sich über 800 Kilometer von Triest bis nach Ulcinj in Montenegro erstreckt und zu den schönsten Europas gehört. Zwischen 1958 und 1960 hatte man sie in dieser Region ausgebaut. Wäre man ohne sie auf die Idee gekommen, Filmteams aus aller Welt hier hinzuschicken? Wäre es ohne sie überhaupt möglich gewesen, den langen Tross aus Lkws, Bussen, Pkws, Pferdeanhängern und Kamerakränen in die Nationalparks zu befördern?

Mit der Magistrala kamen die Touristen, daraufhin 1961 dieses Motel, das Erste seiner Art in der Gegend, dann wurden 1962 Teile des SCHATZES IM SILBERSEE hier gedreht, und mit den Filmteams kamen noch mehr Touristen an die Riviera. Allein die Dreharbeiten zu weiteren Winnetou-Filmen in der großen Schlucht lockten deutsche Touristen an. Alles wuchs und wuchs. Beim Dreh des letzten Films 1968 konnte das Team bereits in dem gerade eröffneten Hotel Blue Sun unterkommen, das direkt hinter dem alten Motel lag. Aber bald war auch die gerade geschaffene Infrastruktur wieder zu einem engen Korsett geworden. Wenn im Sommer die Auslandsjugoslawen ihre Herkunftsfamilien besuchten, fluteten Autos dermaßen die Strecke, dass sie sich in eine stinkende Blechschlange verwandelte, die sich die ganze Küste entlang abrollte, ein heute vergessener

Albtraum, denn mittlerweile wird sie von einer parallel verlaufenden Autobahn entlastet.

Jetzt ist es schon elf Uhr, aber es ist immer noch niemand dort und ich werde langsam nervös. Habe ich etwas übersehen? Oder ist das Museum vielleicht bereits von innen geöffnet worden, ohne dass ich es bemerkt habe? Ich trete an die Tür und drücke die Klinke hinunter. Verschlossen. Etwas ratlos blicke ich in die Runde. Zwei Damen überqueren die Zufahrtsstraße und steuern auf den Personaleingang des Blue Sun Hotels zu. Ich eile hinter ihnen her und spreche sie an. Zum Glück verstehen sie ein wenig Englisch, dennoch unterstütze ich meine Worte mit ausladenden Gesten in Richtung des Museums. Sie sagen mir, dass ich an der Rezeption des Campingplatzes nachfragen solle, die kümmerten sich darum. Sie zeigen auf eine Bude neben einer offenen Schranke, nur hundertfünfzig Meter entfernt.

Die Frau Mitte dreißig, die darin hockt, sagt mir, dass das Museum wegen der Pandemie geschlossen sei, zumal die Saison sich sowieso dem Ende zuneige. Die Betreiber befänden sich in Zagreb, und es werde erst im nächsten Jahr wieder geöffnet. Die Enttäuschung steht mir wohl ins Gesicht geschrieben, wie bei einem Kind, das nicht das Weihnachtsgeschenk von Platz 1 der Wunschliste bekommen hat. Sie sieht mich mitleidig an, und ich spüre, dass meine spontane und daher glaubwürdige Reaktion Vertrauen bei ihr geweckt hat. Als ich klage, dass ich extra aus Deutschland angereist sei, so ist das nicht gelogen, aber zur Hälfte Theater. Doch es wirkt. Sie beißt sich auf die Unterlippe, wie viele es tun, wenn sie unschlüssig sind. Ich rühre mich nicht, warte einen Moment und überlege, was ich noch sagen könnte. Da kommt sie mir zuvor. Sie habe einen Schlüssel, fängt sie an, und würde es mir ausnahmsweise erlauben, es zu besichtigen. Schnell biete ich ihr ein Pfand an, Geld, meinen Personalausweis, Führerschein. Nicht nötig, erwidert sie. Für einen Augenblick bin ich verliebt, habe den Gedanken, sie zum Abendessen einzuladen. Sie aber geht schon voraus, öffnet mir die Tür, sagt noch etwas und dann stehe ich ganz allein im Winnetou-Museum.

Es sind sechs kleine Räume, wie man auf den ersten Blick erkennen kann; drei auf jeder Seite des rund zehn Meter langen Korridors in der Mitte. Spontan trete ich in den ersten Raum rechts, in dem Kostüme und Scheinwerfer ausgestellt werden und dessen Wände in Petersburger Hängung voll von Presse- und Szenenfotos sowie Aufnahmen der Dreharbeiten sind. Immer wieder erlebe ich einen kleinen Schock, wenn ich die heroischen Bilder der Figuren mit den so nüchternen Bildern vom Set vergleiche, auf denen umstehende Techniker, Männer mit nacktem Oberkörper und dicken Bäuchen zu sehen sind, Lex Barker auf einem Stuhl sitzt und eine Zigarette raucht, Brice im Kostüm aus dem Auto steigt oder dem Fotografen kindisch seine Zunge herausstreckt. Dann wird das Grundgesetz der auf Illusion basierenden Kunst spürbar: dass sie nichts davon preisgeben darf, wie sie entstanden ist, dass sie nichts von ihrer Geburt erzählen darf, wenn sie den Eindruck von Leben erwecken will.

Als ich dann jedoch durch den Flur in den Ausstellungsraum gegenüber trete, erblicke ich etwas, das mich erstarren lässt. Auch hier Fotos an den Wänden, dazu ein Kanu auf dem Boden, eine Vitrine neben der Tür mit Büchern und Motivtassen, all das nehme ich zwar auch wahr, aber das meine ich nicht. Ich fixiere einen kleinen Tisch am Fenster und darauf eine Schallplatte mit einer Großaufnahme von Pierre Brice im Kostüm mit Blick auf den Betrachter, daneben in großen Lettern WINNETOU-MELODIE. Genau diese LP besaß ich selbst und besitze ich noch, wenn auch nicht in musealem Zustand. 1979 hatte ich sie für zehn Mark gekauft, die erste Musikplatte, die ich in meinem Leben selbstständig angeschafft habe, alles Geld, was mir damals zur Verfügung stand, aber ich hatte keinen Moment gezögert, es auszugeben. Schlimmer noch als dieser kurze Anfall von Wehmut, bei dem längst verschwundene Ladenlokale wie Schatzkammern der Kindheit nostalgisch vor meinen Augen auferstehen, ist das Gefühl, dass diese meine erste Platte, die für mich einen Schritt in die Selbstbestimmung und Eigenständigkeit gewesen war, nun in einem Museum auf mich wartete und mich damit selbst zu einem wandelnden Exponat machte, zu jemandem, dessen Geschmack und Vorlieben längst der Vergangenheit angehörten, der Platten besaß, die in der wirklichen Welt nur noch für Ausstellungen taugten: der niederschmetternde Gedanke, dass ich aus der Zeit gefallen sein könnte, dass ich selbst nichts als eine Spur der Vergangenheit sei und in mir Spuren trug, die endgültig verschwänden, sobald ich nicht mehr da war. Der Anblick *meiner* Schallplatte im Museum löste eine unwirkliche Vermischung der Räume aus und ließ mich schlagartig begreifen, dass diese Reise mich gar nicht weg von Zuhause, sondern mitten in mein Zentrum hineinführte, wie in einen Energiekern, den man bisher nicht angerührt hatte aus Angst vor dem, was geschehen könnte. Ich war jedoch noch nicht so weit, mich dem zu stellen – es sollte später kommen – und wendete mich ab, als hätte ich in eine gleißende Lichtquelle geblickt. Ich ging in den Korridor und lenkte mich mit neuen Eindrücken ab, in der Hoffnung, dass alles so schnell verschwand wie Lichtflecken unter den Augenlidern.

Auch im Flur hingen Bilder, eines davon zeigte Christopher Barker, auch ein schöner Mann, aber nicht so wie sein Vater, ein Verlust an markanten Gesichtszügen wie zwischen dem jungen Clint Eastwood und seinem Sohn Scott. Fotogenität lässt sich nicht vererben, auch nicht her-operieren. Daher verletzt sie unser Gerechtigkeitsgefühl, unseren Wunsch nach Gleichheit, doch wenn wir ihr begegnen, zieht sie uns in ihren Bann, tyrannisch, despotisch, unbesiegbar. Man kann sie nicht leugnen, wie man Begebenheiten, eine Heldentat verschweigen oder erfinden kann. Bei allem, was erzählt und berichtet wird, bleibt immer ein vages Gefühl von Unsicherheit. Bei der Schönheit nicht. Sie ist bewiesen, sobald sie sich zeigt.

Immer wieder ist erzählt worden, wie Produzent Horst Wendlandt im Juni 1962 bei einer Feier auf der Dachterrasse des Intercontinental-Hotels während der Berlinale Pierre Brice begegnet ist. Brice selber berichtet mit einem Hang zur Spannungsdramaturgie, dass ihn die penetranten Blicke des Mannes am Nachbartisch höchst unangenehm berührt hätten und er kurz davor gewesen sei, eine Erklärung von ihm zu verlangen. Nicht weniger dramatisch war der Moment für den Produzenten. Der Drehbeginn vom SCHATZ IM SILBERSEE war in sechs Wochen, aber einen Winnetou-Darsteller hatte er noch nicht. Dass Wendlandt auf dem Festival gezielt seine Augen aufhielt, war somit kein Wunder. Was für einen Typus aber suchte er? Alle indianisch aussehenden Darsteller hatte er abgelehnt. Dachte er an Rock Hudson, der 1954 in TAZA, SOHN DES COCHISE gezeigt hatte, dass eine schwarze Perücke und ein Stirnband grundsätzlich ausreichten, um einen schönen europäisch aussehenden Mann in einen Apachen zu verwandeln?

«Mann, sieht der gut aus!», will er gedacht haben, als er Brice zum ersten Mal sah, und offenbar ging es ihm vor allem darum: um männliche Schönheit. Brice hatte als Modell für Männermode angefangen und als Darsteller in Fotoromanen erste Schauspielerfahrung gesammelt. In Frankreich hielt der sechs Jahre jüngere Alain Delon, dem er ähnlich sah, den Platz des schönen jungen Mannes auf der Leinwand bereits besetzt. Brice ging nach Rom, wo es damals einen großen Bedarf an Schauspielern gab. In Berlin hielt er sich auf, um der Präsentation des in Barcelona gedrehten Films LOS ATRACADORES beizuwohnen, in dem er die Hauptrolle spielte. Spanische Produktionen schafften es nur selten auf deutsche Leinwände, waren also durchaus ein Kuriosum auf dem heimischen Filmmarkt. Gerade deshalb aber konnte man hier neue Gesichter entdecken. Dafür brauchte man die Filme selbst nicht unbedingt zu schauen, und Wendlandt ist auch nur zur Feier erschienen. Einerseits mochte es besser gewesen sein, dass er LOS ATRACADORES nicht gesehen hat, denn Brice spielte darin eine Rolle, die überhaupt nicht zur Winnetou-Figur passte: einen Señorito, einen jungen Mann aus feinem Hause, der aus Ennui und Wohlstandsverwahrlosung eine dreiköpfige Räuberbande aufbaut, in eine Spirale aus Gewalt und Mord gerät und schließlich in den Kugeln der Polizei umkommt.

Andererseits hätte Wendlandt hier bereits die Eleganz und das Ikonische an Brice bemerken können, von denen Regisseur Francisco Rovira Beleta zu profitieren wusste: Mal trat Brice im Lacoste-Poloshirt auf, zum Teil kombiniert mit einem sportlichen Blouson, mal im Trenchcoat, dann im schwarzen Rollkragenpullover oder festlich im Anzug mit weißem Jackett und schwarzer Fliege, all das garniert mit einer Zigarette, die cool im Mundwinkel steckte. Bei Brice lohnte es sich, Nah- und Großaufnahmen einzusetzen, frontal, damit sich sein Grübchen schön abzeichnete; und aus 45° seitlich konnte man ihn mit Rock Hudson verwechseln, wenn er den Kopf leicht senkte, aber egal wie man ihn sonst noch filmte, im Profil, aus Ober- und Untersicht, immer sah er gut aus. Wenn man sich seine koketten Posen, in denen er den Kopf seitlich oder nach unten neigte, fortdachte und sich in Einstellungen, in denen der Scheitel kaum zu erkennen war, die Haare länger vorstellte, hatte man einen Apachen vor sich. Maquillage war dafür gar nicht nötig.

Und sein Schauspiel? Der Gattung entsprechend eher unterspielt, aber physisch präsent, wenn er körperlichen Kontakt mit seinen Kumpanen aufnahm, sie berührte, um sie zu beruhigen, und ihnen an den Kopf fasste und ihre Stirn an seine drückte. Vor allem aber war er dem deutschen Publikum völlig unbekannt und frei von Vorprägungen. Mit ihm konnte man eine so zentrale Figur wie Winnetou neu erschaffen.

Die nächsten Räume rekonstruierten die Motelzimmer aus den 1960er-Jahren, in denen Brice und Barker übernachtet hatten, dekoriert mit Kostümen und grünen Bänden des Karl-May-Verlags. Es war offensichtlich, dass vor allem deutschsprachige Touristen das Museum besuchten.

Als ich wieder in den Flur trat, stand die Dame von der Rezeption im Eingang, offenbar war sie doch etwas verunsichert, einen Fremden einfach so in das Museum zu lassen. Ich wollte ihre Geduld also nicht länger auf die Probe stellen, bedankte mich, versuchte noch, ihr Geld zuzustecken, was sie jedoch ablehnte, und machte mich dann auf den Weg zur wenige Kilometer entfernten Großen Paklenica-Schlucht, in der zahlreiche Szenen der Filme gedreht worden waren. Die Schlucht gehörte damals bereits zu einem Nationalpark, bot markante Motive und besaß den Vorteil, dass sie für Filmteams leicht zugänglich war.

Rechts unterhalb vom Weg fließt im Winter und Frühling ein schmaler Fluss, der im Sommer ausgetrocknet ist. In den Winnetou-Filmen hatte man die Kamera im trockenen Flussbett platziert, um den Schotterweg und die darüber liegenden Felsen aus der Untersicht noch imposanter einzufangen. Ich sah jedoch, dass es einiger Fantasie bedurfte, die Drehorte wiederzuerkennen. Wo sich das Auge in den 1960ern noch in den weiten Fluchten kahler Felsen verlor, wachsen seit den 1970er-Jahren Kiefern; die einstige Schotterstraße wurde auf den ersten Kilometern asphaltiert, erweitert und zum Teil begradigt, weiter oben hat man Felsen durch Sprengungen geglättet. Wenn sich hoch über einem nicht die scharfen Zacken der Gipfel in den Himmel einsägen würden, könnte man die Filmbilder kaum zuordnen. Zur Hilfe sind am Weg Hinweisschilder angebracht; das Wort Winnetou prangt darauf in Westernschrifttype, darunter eine Zahl, das ist alles. Wer hier nicht einen Tipp bekommt, wird nur wenige Drehorte wiedererkennen. Einer der Ersten gehört bereits zu den Schwierigsten. Rechts von der Straße führt eine Fußgängerbrücke zu den Resten einer alten Mühle, nichts weiter als zwei quaderförmige niedrige Steinhäuschen, aneinandergebaut, aber unterschiedlich in ihren Dächern, das linke mit roten Pfannen belegt, das rechte mit grobem Zement überzogen. Drumherum ist alles grün, eine Rasenfläche streckt sich davor aus, luftig besät mit Bäumen von gut 30 Jahren. Blickt man von dort aus über das Flussbett zurück zur Straße, so ist sie kaum hinter der Blätterfront zu erkennen; will man zur anderen Seite den Hang hinaufschauen, verfängt sich das Auge in den Baumwipfeln. Und dennoch: dieser zugewachsene Grünfleck war vor sechzig Jahren eine kahle Fläche und der Banditentreffpunkt El Doro aus dem SCHATZ IM SILBERSEE. Szenenbildner Duško Jeričević verbaute die

Steinhäuschen zu einer spanischen Kapelle, deren Fassade und Glockentürmchen er daneben setzte. Rechts komplettierten drei Torbögen die Szenerie, kein Baum weit und breit, am linken Flussufer hatte man brusthohe Dekorkakteen aufgestellt, um die Trockenheit zu betonen. Himmel, Fels und gelbe Erde. Der Ort war so filmisch, dass man wenig später hier noch den Saloon der Geierbande aufbaute.

Ich wollte Fotos machen, wusste aber nicht wie. In welche Richtung ich mich auch drehte, es war unmöglich, in das Filmbild hineinzukommen. Frustration und Wut brachen sich eine Bahn, eine Bahn durch das störende Grün.

Ich fuhr die Straße weiter hinauf und kam an einen markanten Felsen, der wie eine Scheibe über den Boden hinausragte und einen Unterstand wie eine Boofe in der Sächsischen Schweiz bildete, nur dass der Fels hier gelbrot gefärbt war. Im SCHATZ IM SILBERSEE finden Winnetou und Old Shatterhand hier die Leichen der Kutscher; etwas weiter oben befand sich ein ähnliches Motiv, allerdings lag die gelbrote Wand deutlich höher, es war die Stelle, an der die Kutsche in den Hinterhalt geraten war. Schließlich kam ich an einen Parkplatz, an dem die Fahrzeuge abgestellt werden mussten, weil es danach nur noch zu Fuß weiterging. Im Unterschied zu den Plitvicer Seen herrschte hier reger Betrieb, was vor allem den Kletterern geschuldet war, die man verstreut in den Felswänden beobachten konnte.

Zwar hörte der Asphalt nun auf, aber dem frischen Schotter auf dem breiten Weg gelang es nicht, jenen Eindruck von Wildheit wiederzuerwecken, der aus den Filmbildern sprach. Es dauerte nicht lange und ich erreichte den an der unteren Seite ausgehöhlten Felsen, unter dem Old Surehand im gleichnamigen Film Schutz sucht, als Old Wabble Steine und Geröll auf ihn herunterfallen lässt. Auch hier ist die Szenerie kaum wiederzuerkennen, die einst schmale Passage wurde erweitert und hat ihren Anschein von Bedrohlichkeit verloren. Es wirkt geradezu, als wäre der Fels von einer riesigen Hand hierhin versetzt worden, weil er an seiner ursprünglichen Stelle im Wege stand.

Schließlich erreiche ich auch den Ort, an dem die Utahs im SCHATZ IM SILBERSEE in einen Hinterhalt gelockt werden, gut erkennbar an einem kleinen Felsentor, das eine Nische bildet und hinter dessen Rand Winnetou sich versteckt hielt. Das Tor machte noch weitere Karriere: Es diente Old Wabble in OLD SUREHAND als Unterschlupf und später im TAL DER TOTEN als Versteck für einen Wagen mit einer Goldkasse. Der Weg ist hier noch ziemlich weit und bot den Pferden genügend Platz, danach verengt und windet er sich, sodass der Eindruck entstehen kann, man befände sich in einer Art Sackgasse. Schräg gegenüber vom Felsentörchen hatten sich Sam Hawkens, Dick Stone, Will Parker und Lord Castlepool hinter einer Felsenbalustrade verschanzt. Ich presse mich wie Winnetou an den Felsvorsprung und bin endlich wieder im Bild. Noch einmal zwölf sein, auf einem Schulausflug ohne Lehrer. Wir hätten den ganzen Tag an dieser Stelle verbringen können ... Ein älteres Ehepaar, das mit bairischem Akzent spricht, kommt vorbei und schaut mich fragend an. Ich rechne schon damit, dass der Mann mir zuruft, die öffentlichen Toiletten seien weiter unten. Aber sie kommentieren nichts und gehen weiter.

Für mich aber endet der Weg hier, denn dies war der letzte Drehort. Auch wenn er nun steil hinaufführt und sicherlich viele reizvolle Aussichten bietet, kehre ich um und werde mir alle Motive noch einmal genau ansehen.

Es heißt immer, dass der Weg zu den Büchern ab den 1960ern über die Filme verlaufen sei. In der Tat übte die farbgesättigte Fotografie der Winnetou-Filme einen starken Reiz aus, der sich in den unüberschaubaren Nebenprodukten aus Filmbildbüchern, Fotostrecken und Starschnitten wie eine Welle über das Publikum erbrach, die in Schulheften, Malblöcken und *Medizini*-Postern bis in die 1980er-Jahre hinein nachschwappte. Malen, das war eigentlich etwas für Mädchen, ein Junge musste zum Ausgleich wenigstens einen Winnetou-Block haben, und die *Medizini* verlor ihren Apothekengeruch, wenn Winnetou auf Iltschi über das Poster ritt. Doch gerade diese Bilderschwemme wies darauf hin, dass die Filme eben nicht greifbar waren. Wer seine Kindheit in den 1970ern und 1980ern verlebte, für den schmolzen die Karl-May-Filme mit dem Erleben von Ostern und Weihnachten zusammen, wenn sie im Fernsehen wiederholt wurden. Aus dem Kinoprogramm waren sie weitgehend verschwunden, und Videoapparate besaßen wir noch nicht. Aber wir hatten Hörspiele in Überfülle. Gewiss war das Überangebot an Karl-May-Schallplatten – fast jedes Label bot seine eigene Reihe an – auch dem Erfolg der Filme zu verdanken, es gab sogar eine, die das Cover mit Pressebildern der Filme schmückte. Doch dies zeigt nur, wie stark die Kinderzimmer von diesen Hörspielen erobert worden waren. Wir hörten sie, bis sie knisterten und knackten wie ein Lagerfeuer, wir hörten sie zum Einschlafen, zum Spielen oder im Hintergrund, wenn man ein Winnetou-Quartett spielte. Sie bilden die heute vergessene Zwischenstufe von Film und Buch, schon allein deshalb, weil sie der Handlung in den Büchern meist deutlich näherstanden. Führte das nicht zu einer verwirrenden Fülle an Varianten? Was war WINNETOU I eigentlich, wenn es davon viele verschiedene Versionen gab? Diese Frage stellten wir uns gar nicht, eine Vorstellung von Original hatten wir nicht, uns schien alles gleich original und gleichwertig, denn über allem prangten die einenden Namen Winnetou und Old Shatterhand.

Erst danach begannen wir, die grünen Bände zu lesen, ich sage *wir*, weil es ein kollektives Lesen und Erleben war. Es gab wenigstens fünf Mitschüler, mit denen man das Gelesene besprechen und Empfehlungen austauschen konnte. UNTER GEIERN war der erste richtige Roman, den ich gelesen habe, wobei Roman für mich damals nichts anderes als ein «dickes Buch» bedeutete. Und wieder entsprang mein Interesse der Wirkung von Bildern, nicht nur, weil mir der Titel von dem Film bekannt war, sondern auch weil mich das Deckelbild ansprach: eine Gruppe berittener Westmänner auf einem grünen Feld vor einem hohen sandfarbenen Bau, einer Pyramide ähnlich, die zwei Drittel der Fläche ausmachte. Ein Versprechen von

Kameradschaft, Exotik, Abenteuer, Sonnenschein und Geheimnisvollem.

Ich bekam ihn auf meinem Wunsch zum Osterfest geschenkt, dennoch blieb er zunächst liegen. Lesen war ich nicht gewöhnt, ich hörte Schallplatten und sah fern, das viele Papier schreckte mich ab. Zwar nahm ich den Band zur Hand und blätterte darin herum, wobei ich darauf achtete, nichts zu lesen, in der Annahme, das dürfe man nicht, um die Abfolge nicht durcheinanderzubringen, aber dann stellte ich ihn mit einer gewissen Scheu wieder zurück, mich auf die lange Lektüre einzulassen. Als ich schließlich doch damit begann, sprang der Funke nicht über. Ich quälte mich durch die Beschreibungen, verirrte mich in den Seiten, konnte der Handlung nicht folgen und las nur aus Trotz weiter, nicht aufzugeben, verschob die Lektüre in die Nacht, direkt vor dem Einschlafen, konnte mich nicht konzentrieren, las zehn Seiten, nur um zehn Seiten zu lesen, schaute immer wieder auf die Zahl unter dem Text und war dann entmutigt darüber, wie oft ich noch zehn Seiten zu lesen hätte. So schleppte ich mich durch eine Buchstabenwüste, in die ich ungerüstet hineingelaufen war, um nun mitten darin zu verdursten.

Das Buch landete wieder im Regal. Dort sah es zumindest schön aus und mochte den einen oder anderen Besucher glauben lassen, dass ich zu den *Lesern* gehörte, was einer Auszeichnung gleichkam. Tatsächlich deutete jedoch alles darauf hin, dass aus mir niemals ein wirklicher Leser würde, dass mein Leben in Bahnen jenseits von Büchern verliefe, weil ich, wie ich mir eingestehen musste, für sie nicht die geistige Kraft zu haben schien. Doch es sollte anders kommen.

Neben UNTER GEIERN hatte ich noch einen zweiten Band bekommen, den SCHATZ IM SILBERSEE. Zwei Bände aus einer Reihe flößten deutlich mehr Respekt ein als einer, und die Goldstreifen am oberen und unteren Rand des Buchrückens, vor allem aber die leuchtend goldene Vignette über der Mitte strahlten etwas Ernstes und Würdevolles aus – jüngere Gäste fragten regelmäßig, ob es echtes Gold sei – und hoben mich erkennbar über den Stand des Kindes hinaus. Vom SCHATZ IM SILBERSEE ging ein noch stärkerer Reiz aus, der Titel setzte Träume in Gang, der Film hatte Bilder hinterlassen und das Deckelbild versprach noch mehr als UNTER GEIERN: zwei Indianer in einem Kanu, die ein Ufer ansteuerten, wo ihnen ein Waldläufer entgegenwinkte, farblich dunkel gehalten und damit ernst und mysteriös. War meine Lesekraft im ersten Band zusammengebrochen, so raffte ich mich einige Wochen später wieder auf und versuchte mich an dem anderen.

Diesmal geschah etwas Unerwartetes, von Anfang an trat ich in eine andere Welt ein, in einen Raum und eine Zeit zwischen zwei Buchdeckeln, die einen die Wirklichkeit vergessen ließ und das Buch zu meinem ständigen Begleiter machte. Ab jetzt schmolzen langweilige Autofahrten dahin, und während wir über die Dörfer zu Verwandten fuhren, glitt ich auf einem Dampfer über den Mississippi, ritt ich über Prärien, und während der graue Himmel über Wiesen und Wäldern ungesehen am Seitenfenster vorbeizog, schlich ich mich an Lagerfeuer an, kletterte auf Bäume, um Ausschau zu halten, oder verbarg mich auf Inseln im Strom. Es war immer noch ein langer Roman, diesmal aber *wirkte* die Länge. Sie schenkte mir die Zeit, mich in der anderen Welt einzurichten, an der Seite der Westmänner zu stehen, in ihre Schule zu gehen, zu lernen, wie man Pferde anhobbelte, einen Knieschuss ausführte, dass die List der Gewalt stets vorzuziehen war, ja das letztlich alles eine Frage von Intelligenz und Geschicklichkeit und eben nicht von Körperkraft zu sein schien, dass man lieber ein David als ein Goliath sein sollte. DER SCHATZ IM SILBERSEE wurde meine eigentliche Initiation in die Welt der Literatur, eine Initiation ohne Ritual, ohne Meister, dafür aber mit dem starken Beistand meiner Lesekameraden aus der Schule.

Es griff wie ein Fieber um sich, jeder las wild in den gesammelten Werken herum, ich stand noch ganz am Anfang und hatte erst die kanonischen Titel zu lesen, die ich nach und nach vom Taschengeld anschaffte oder bei den seltenen Gelegenheiten nannte, wenn ich mir etwas wünschen durfte. In meiner Vorstellung unterwarf sich das Geld einer neuen Währung. Wenn um mich herum von Geld und Preisen die Rede war, rechnete ich sofort um, wie viele Bände man davon anschaffen könnte. Wir Buch-Brüder besuchten uns gegenseitig, um die jeweilige Sammlung zu betrachten und in den Bänden herumzublättern, die man noch nicht kannte. Die ersten fünfzig Titel der gesammelten Werke lernte ich auswendig, um sie herunter zu rattern und damit anzugeben, das gestehe ich, aber auch, um mich in jener Welt geistig bewegen zu können, mich immer wieder in die Titel hineinträumen zu können, wenn ich wach im Bett lag und auf das Einschlafen wartete. Ich hatte bei Karl May zwar gelernt, dass man einschlief, wenn man die Augen unter den geschlossenen Lidern nach oben rollte, aber das funktionierte nicht. Was nicht bedeutete, dass ich an der grundsätzlichen Wahrheit dieses Tricks zweifelte, vielmehr glaubte ich, dass es an mir liegen müsse, dass ich etwas falsch mache oder wahrscheinlich zu ungeduldig sei.

Die Lesekameraden bildeten einen natürlichen Club, irgendein Buch hatten wir immer dabei, ließen uns gerne damit sehen, trugen es sichtbar mit uns wie Sportabzeichen. Die Gleichgesinnten unter den Lehrern ließen sich nicht lange bitten, um die Lektüre zu kommentieren, Karl May verband uns mit den Erwachsenen. Als aber der Mathematiklehrer anmerkte, dass dies genau das Richtige für unser Alter sei, stutzte ich. Wie bitte? Warum für unser Alter? Es war mir unvorstellbar, dass ich irgendwann einmal aufhören würde, Karl May zu lesen, hatte sich mir hier doch gerade erst mein Lebensglück versprochen. Genauso störte mich der altkluge Blick von oben und die darin mitausgesprochene Verachtung, denn es hieß ja nichts weniger, als dass Karl May nur eine Lektüre für Kinder und Jugendliche war und wie die Pubertät und andere Krankheiten irgendwann überstanden wäre. Dass man sich ständig veränderte, war mir auch schon aufgefallen, aber mir war der Gedanke zuwider, dass ich später einmal abgeklärt auf etwas hinabblicken oder mich gar für etwas schämen sollte, was ich einst innig geliebt hatte. Denn es half mir, unabhängig zu werden, unabhängig in meinen Urteilen, von den Stimmungen der Umgebung, letztlich vom Hässlichen der Welt, dem ich nun meine bunte innere Welt entgegensetzen konnte, und das, ohne auf das Schöne der Äußeren verzichten zu müssen. Es ging weder darum, beide gegeneinander auszuspielen, noch das Schönste aus jeder auszuwählen, sondern sie zu verbinden, mit den Farben der inneren Welt, die äußere dort anzumalen, wo sie grau, unpersönlich und mir nichtssagend war, ihr dort eine Stimme zu geben, wo sie nicht zu mir sprach. Das klingt pragmatisch, aber mir schien es natürlich und lebensnotwendig. Nur mit der Fantasie konnte ich mich jener Welt stellen, die nicht meine war und mir fremd, widerständig, chaotisch und unüberschaubar entgegentrat. Ich fing an, sie an allen Stellen, wo es mir nötig erschien, mit einem Mythos zu überziehen, den Firnis der Fiktion über alles zu streichen, was sich sperrte, nicht um es zu verdecken, sondern um es sichtbar zu machen. Natürlich ließ sich nicht alles einfach übermalen. Die Schulmathematik zum Beispiel nahm die Farbe partout nicht an. Dabei lebte ich keinesfalls in einer Traumwelt, ich war mir der Wirklichkeit durchaus bewusst. Meine Mythen waren nicht dazu da, sie völlig zu umfassen oder sie zu unterwerfen. Sie waren keine Religion, sie waren meine fehlenden Puzzlestücke, mein Hebel, um die Maschinerie in Gang zu setzen, und ein Heilmittel, wie ich es etwa zehn Jahre später bei einem Lese-Erlebnis erfuhr, das wohl das stärkste in meinem Leben gewesen ist.

Anfang der 1990er-Jahre holte ich zu Beginn meines Studiums das große Latinum nach. Man musste es von Null bis Cicero in drei Semestern bringen, alle stöhnten, manche brachen ab. Latein wurde zum Prüfstein der Studierfähigkeit selbst, ließ die Hauptfächer zur Nebensache werden, solange man damit belastet war. Meine ganze Konzentration schenkte ich also dem Lateinischen, denn ich wollte es nicht in drei, sondern in zwei Semestern absolvieren, um wieder frei zu sein für meine eigentliche Fächerkombination. Aber das Schönste war: Ich liebte Latein. Es brachte so viel Geschichte, so viel Allgemeinbildung mit sich, dass es gar nicht nötig war, es mit irgendwelchen Mythen zu überziehen, denn Latein war selbst ein Mythos, der Mythos einer Jahrtausende alten Tradition, aus der sich ein Großteil der Kultur Westeuropas entwickelt hatte, und so wie ich nun deklinierte, konjugierte und mich anschickte, Ablative, Deponentien, Gerundia und Gerundiva zu übersetzen, hatten es Millionen vor mir getan, mit denen ich plötzlich verbunden schien. Der Unterricht fand in einem Hörsaal im Naturkundemuseum statt. Um zu ihm zu gelangen, musste man in der Eingangshalle am Skelett eines Mammuts vorbeigehen und trat dabei wie in eine Welt jenseits der Zeit. Der Hörsaal selbst war ganz in Holz gefasst, und wenn man die Klappsitze herunterdrückte, quietschte, und wenn man sich setzte, knarrte es. Dann war man mitten in einer unbestimmten Vergangenheit angekommen, in der alles gleichzeitig um einen zu kreisen schien.

Eines Abends, ich hatte, wie es damals meine Gewohnheit war, um 18 Uhr gegessen, einen Spaziergang gemacht und anschließend für die Spätschicht wieder am Schreibtisch Platz genommen, wurde mir plötzlich unwohl. Zunächst ignorierte ich dies, bald aber verspürte ich einen Brechreiz, von dem keine Lateinvokabel mehr abzulenken vermochte. Ich war verwirrt, denn ich konnte mir mein Bauchgrimmen nicht erklären. Bald wurden die Krämpfe so stark, dass ich mich das erste Mal übergeben musste. Vorläufig erleichtert kehrte ich in den Schein der Tischlampe zurück, musste zu meiner Verunsicherung jedoch schnell einsehen, dass die Entwarnung vorschnell gewesen war. Ich eilte erneut zum Bad und erneut stellte sich keine Erleichterung ein. Das Ganze wiederholte sich noch weitere acht Mal. Mit jedem Mal fühlte ich mich matter, mit jedem Mal stieg meine Unruhe und mit jedem Mal stieg kurioserweise auch meine Temperatur. Nachdem ich mich zehn Mal übergeben hatte, zitterte ich am ganzen Körper, war kurzatmig, Krämpfe und Schmerzen hielten unvermindert an und nun, mir völlig unerklärlich, fieberte ich auch noch. Jedes Erbrechen hatte ein Stück Kraft aufgezehrt und mich solchen Krämpfen unterworfen, dass ich beim letzten Mal ernsthaft geglaubt hatte, zugrunde zu gehen.

Es war gegen 23 Uhr. Die beiden Mitbewohner meiner Studentenwohnung waren nicht da, ich schleppte mich zum Telefon und wählte zum ersten Mal in meinem Leben den Notruf. Nachdem das Rufzeichen drei Mal erklungen war, meldete sich ein Mann, dessen Stimme sofort beruhigend auf mich einwirkte. Ich beschrieb ihm meine Lage deutlich gefasster, als ich mich vor wenigen Sekunden noch gefühlt hatte, was wiederum den Eindruck erweckte, dass ich gar kein Notfall war. Er wollte daher auch keinen Wagen schicken, sondern riet mir, mit dem Fahrrad in die nächste Klinik zu fahren. Als ich zögerte, fügte er noch hinzu, dass ich die Kosten einer Notfahrt selbst tragen müsste, wohl um mich endgültig zu überzeugen.

Also schleppte ich mich aus dem Haus und saß wenige Minuten später auf dem Sattel. Luft, Bewegung und das Orientieren im Halbdunkel lenkten mich ab, bis ich die Klinik erreichte. Dort angekommen, schickte man mich in den allgemeinen Wartebereich. Es sei gerade ein schwerer Unfall hereingekommen, sagte der Mann an der Rezeption, alle Ärzte seien beschäftigt und ich müsse mich dementsprechend gedulden. Kaum saß ich dort, setzte die innere Unruhe wieder ein und erlaubte es mir nicht, länger als wenige Sekunden still zu sitzen. Lediglich die ständige Veränderung meiner Position verschaffte mir geringe Abhilfe. Allein im Foyer der Klinik rutschte ich auf den schwarzen Lederpolstern der Sitzbänke hin und her, wechselte die Seite, legte mich auf den Bauch, auf den Rücken, stöhnte zur Erleichterung und erbrach mich hin und wieder in eine Plastiktüte, die ich mitgenommen hatte. Viel kam nicht mehr, Erleichterung aber auch nicht, und die Temperatur schien weiter angestiegen zu sein. Wie lange ich wartete, kann ich nicht mehr sagen, irgendwann kam eine Krankenschwester mit einem Rollstuhl, holte mich ab und brachte mich in ein Untersuchungszimmer. Meine Krämpfe ließen nicht nach, immer wieder fuhr meine Hand zur Plastiktüte, die ich über einen der Griffe am Rollstuhl gehängt hatte. Nach einigen langen Minuten kamen zwei Ärzte, um nach mir zu schauen. Erst befragten sie mich und dann berieten sie miteinander über meinen Zustand, als sei ich selbst nicht mehr anwesend. Zweifellos machte ich den Eindruck, dass mit mir nicht zu rechnen war, so eingesunken und schwer atmend, wie ich auf dem Stuhl hockte. In Wirklichkeit aber waren meine Sinne in diesem verletzlichen und hilflosen Zustand überscharf geworden, sodass ich auf jede Veränderung in meiner Umgebung wie auf Nadelstiche reagierte, selbst die ruhigen Stimmen der Ärzte schienen mir an der Grenze des Erträglichen zu sein, das Neonlicht stach grell in meine Augen, das schlimmste aber war, dass meine Haut auf jede Berührung mit Schmerzen antwortete und ich vor jedem Kontakt zurückscheute.

Da hörte ich, wie der jüngere Arzt von beiden sagte: «Angesichts des Fiebers halte ich eine Appendektomie für geraten.»

Der ältere von beiden, den ich im Verhältnis zu dem jüngeren für eine Art Mentor hielt, antwortete nicht, sondern nickte bloß nachdenklich. Ich hatte meinen Zivildienst im Krankenhaus absolviert und war daher mit einigen der medizinischen Ausdrücke vertraut und konnte mir weitere aus meinen neu erworbenen Lateinkenntnissen ableiten. Wenn ich eines wusste, dann, dass es keine Blinddarmentzündung war. Ich hatte zwar Fieber, aber keine Druckbeschwerden im Bauch, nichts, und das hätte dem Arzt eigentlich auch auffallen müssen. Dennoch er wollte operieren. Es war einer jener Momente, in denen man eigentlich keine Kraft mehr hat und auf Hilfe wartet, diese Hilfe aber nicht kommt oder, schlimmer noch, zu einer ernsthaften Bedrohung zu werden scheint, und in denen man sich deshalb, obwohl man am Boden lag, widersetzen musste. Dies ist mir bisher drei Mal passiert, die angedrohte Operation war das erste darunter, ich hatte also keine Erfahrung damit und spürte nur, dass ich mich mit Leibeskräften dagegen wehren musste. Noch bevor der ältere Mediziner wirklich dazu Stellung nehmen konnte, reckte ich mich empor, hielt meine Angst und Wut über diesen Vorschlag im Zaume und kommentierte, so höflich ich konnte, dass es bei allem Respekt kein Blinddarm sei, sondern dass es sich nur um eine Art Vergiftung handeln konnte.

Mein Widerstand und meine Aussage ließen die Ärzte offenbar etwas ratlos zurück und man fasste den weisen Entschluss, einfach gar nichts zu tun, mich zur Beobachtung auf ein Zimmer zu legen und mir eine Kochsalzlösung zu verabreichen.

Mittlerweile war es kurz vor zwei Uhr nachts. Ich musste mich auskleiden und nichts außer einem weißen Hemd überziehen, das hinten offen war und am Nacken nur von einer Schleife zusammengehalten wurde. Man brachte mich in einem Bett auf eine Station, wo mich die Nachtschwester in Empfang nahm und auf ein Dreierzimmer fuhr. Dort schliefen zwei ältere britische Herren, die *not amused* waren, um diese Uhrzeit geweckt zu werden, dazu noch von einem unruhigen zwanzigjährigen Deutschen. Ohne Rücksicht darauf, ob ich sie verstehen mochte, tauschten sie laut ihren Unmut darüber aus. Die Schwester richtete die Infusion ein, verließ mich dann wieder und schaltete das Licht aus. Für einen Moment lag ich im Dunkeln, und es war alles still. Ein paar Minuten mochten so vergehen, vielleicht auch weniger, aber mit einem Mal verspürte ich ein schreckliches Stechen im Unterleib, ein Stechen, das keinen Aufschub duldete. Ich machte das Licht an und schellte nach der Schwester. Die Briten schimpften erneut, aber das nahm ich kaum wahr, denn ich spürte, dass ich nicht auf die Schwester warten konnte. Ich lag am Fenster, die Toilette befand sich auf der anderen Seite des Zimmers, ich erhob mich, schleppte mich an den beiden Betten vorbei und schob den Infusionsständer vor mir her. Das Stechen erreichte eine solche Heftigkeit, dass es mich innerlich zu zerreißen schien, ich presste meinen Unterleib zusammen. Endlich war ich an der Tür des Badezimmers, schaltete das Licht ein, stürzte zur Toilette. In diesem Moment eilte auch die Schwester in das Zimmer, sah, dass ich den Infusionsständer losgelassen hatte und ins Bad hinter mir herzog, rief laut, was ich denn da bloß tue. Ich achtete nicht darauf und ließ mich einfach auf die Toilette fallen. Was dann geschah, konnte ich an dem entsetzten Blick der Krankenschwester ablesen und an dem Protest der Briten hören, die kurz darauf im Hintergrund fluchten und dabei wild gestikulierten.

Endlich breitete sich trotz aller Erschöpfung und trotz der Anstrengung, die es mich kostete, an der Seite der Schwester zurück ins Bett zu finden, ein einzigartiger Frieden in mir aus, wie ich ihn seitdem nie mehr empfunden habe. Der Schlaf kam sofort, ein Schlaf so schwer, so blind, so traumlos wie ein Stein. Am nächsten Morgen schaffte ich nicht mehr, als meine Eltern zu benachrichtigen. Sie wollten abends vorbeikommen, und meine Mutter fragte mich, ob ich abgesehen von frischer Wäsche und Zahnbürste irgendetwas benötigte.

Ohne zu überlegen, wusste ich sofort, was ich mir eigentlich wünschte und sagte: «Bring mir den SCHATZ IM SILBERSEE.»

Den Tag verbrachte ich in totaler physischer Erschöpfung und schlief fast durchgehend. Als meine Eltern kamen, fragte ich als Erstes nach dem Buch. Sie hatten es nicht vergessen, ich legte es auf das Patientenschränkchen. Heute war nicht daran zu denken, noch mit der Lektüre zu beginnen. Außerdem wollte ich zunächst die Vorfreude auskosten und die Sicherheit genießen, dass dort neben mir auf dem Schränkchen ein Törchen darauf wartete, geöffnet zu werden und mich in eine andere Welt zu führen.

Frühmorgens nach dem Frühstück begann ich zu lesen, ich las und las, alles andere verschwand, war belanglos. Am Nachmittag machte ich eine kurze Pause. Gegen Abend flimmerten mir die Augen und meine Auffassungsfähigkeit ließ nach, jetzt aber hatte mich der Ehrgeiz gepackt, das Buch an einem Tag durchzulesen. Kurz vor 23 Uhr schloss ich die letzte Seite ab und schlief danach sofort ein.

Und dann geschah das Wunder: Am nächsten Morgen fühlte ich mich völlig wiederhergestellt. Mir war ganz so, als käme ich von einem zweiwöchigen Urlaub zurück. Die Lektüre hatte meinen Geist gewaschen und von all dem Gift gereinigt, das ich in mich aufgenommen hatte. Auf eigenes Risiko verließ ich das Krankenhaus nach der Visite und kehrte in meine Studierstube zurück, als sei nichts gewesen.

V
Durch die wilde Paklenica

Die kleine Paklenica-Schlucht liegt nur einen Kilometer südlich von der großen entfernt. Sie ist gut erkennbar an dem charakteristischen, einem Backenzahn ähnelnden Bergrücken, der die rechte Seite ihres Zugangs säumt. Der imposante Anblick der Schlucht diente als Motiv von wenigen Panoramaeinstellungen, eine davon in WINNETOU UND OLD SHATTERHAND IM TAL DER TOTEN, ansonsten wurden dort keine Aufnahmen gemacht, weil die Schlucht für Filmteams mit der damaligen Technik kaum zugänglich war. Wie schon in der großen Schlucht hatte die überall wuchernde Vegetation die Landschaft stark verändert und gestattete keinen Blick mehr auf die einst kargen Höhen, zumal neben den Bäumen auch die Häuser immer näher an den Rand der Berge herangewachsen waren.

Als ich den Einlass zur Schlucht erreichte, war der Parkplatz völlig leer mit Ausnahme eines Wagens mit Aufschrift des Nationalparks, der offenbar zu dem Wärter gehörte, den ich in dem Holzhaus sitzen sah. Lag es am Wetter, an der Pandemie oder daran, dass Sonntag war? Ich freute mich, wieder allein zu sein, allerdings ahnte ich noch nicht, wie allein man sich in der Wildnis fühlen konnte. Der Wärter, der gelangweilt am Kassenschalter saß, nickte zur Begrüßung und nannte mir den Eintrittspreis. An den Öffnungszeiten sah ich, dass der Stand heute nur bis Mittag besetzt war, und vermutete, der Herr wartete bloß darauf, den Sonntagnachmittag nach seinem Gusto zu verbringen.

Als ich ihm sagte, dass ich die Schlucht hinauf und wieder hinuntergehen wollte, antwortete er, dass es sehr schwierig sei, den Weg zurückzugehen, und ich lieber dem Rundweg folgen solle. Ich wunderte mich im Stillen darüber, dass man einen Weg nicht zurückgehen konnte, fragte aber nicht weiter nach.

«Und wie lange benötige ich bis nach oben?»

«Ungefähr zwei Stunden», erwiderte er.

Das bedeutete, dass ich für den Abstieg weitere zwei Stunden brauchen würde und die ganze Wanderung in gut vier Stunden zu bewältigen war. Wie mir später klar wurde, war dies jedoch die Rechnung eines berg- und wanderfesten Einheimischen gewesen, der die Gegend kannte und die Strecken in Rekordzeiten zurücklegte.

«Es soll heute noch regnen, wäre das ein Problem?», fragte ich noch.

Er lugte durch die Glasscheibe des Schalters nach oben, schüttelte den Kopf und sagte: «Nein, das wird wohl erst heute Nachmittag passieren.»

Auch das konnte nichts anderes bedeuten, als dass ich bis dahin längst wieder hier unten war und mir keine Sorgen zu machen brauchte. Ich steckte mein Ticket ein, bedankte mich und wollte mich umdrehen, als er noch hinzufügte, dass es weiter oben eine Quelle in einer Höhle namens Kapljuvaca gebe, an der ich Wasser nachfüllen konnte. Ich nickte zum Dank und ging los.

Der Wanderweg begann unmittelbar am Parkplatz. Rechts vor seinem Eingang stand ein Warnschild mit dem Hinweis, dass überall Steinschlaggefahr herrsche und der Weg nur für erfahrene Wanderer geeignet sei. Hier unten deutete noch nichts darauf hin. Der schmale Pfad verlief durch Sträucher und Bäumchen, nach ein paar Hundert Metern erreichte ich die Schlucht und kam an das Flussbett, das hier unten noch Wasser führte, weiter oben jedoch trocken war und die meiste Zeit als Weg dienen würde. Noch war das Tal ziemlich breit und ich ging links oberhalb des Wasserlaufs entlang. Die Wegmarkierung bestand entweder aus einem roten Kreis mit einer weißen Füllung oder aber aus drei Streifen in Rot-Weiß-Rot, die an markanten Steinen oder an Baumstämmen angebracht waren. Bis hier war der Boden noch erdig; braune Pilze, aus denen, wenn sie eingerissen waren, ein hellgelbes Fleisch hervorleuchtete, waren hie und da aus ihm hervorgeschossen, und an manchen Stellen hatten tellergroße rotbraune Ameisenhaufen dessen Oberfläche durchbrochen.

Bald kam ich an einen Hang, der über und über mit Felsbrocken besät war, als habe eine riesige Hand sie wie Schotter dort hingeworfen, eine graue Mondlandschaft, zu der das Grün der gegenüberliegenden Seite einen scharfen Kontrast bildete. Hier galt es, sich nur mit den Füßen einen Weg über die Steine zu suchen, denn anfassen konnte man die meisten Brocken nicht. Sie waren mit feinen Wellenlinien überzogen, deren spitze Kämme scharf wie Messerschneiden waren und man sich kaum auf ihnen mit den Handflächen abstützen konnte. Sie mussten von den Steilwänden über die Jahrhunderte hinweg abgebrochen sein, während das Regenwasser langsam die Furchen in sie eingeschliffen hatte. Größere Felsblöcke besaßen mitunter tiefe Risse und lagen da wie aufgeplatzte Ofenkartoffeln. Wandte man den Blick nach oben, so stachen aus den Felswänden größere goldgelbe Flächen heraus, vor allem um einen Höhleneingang linker Hand herum.

Immer wieder musste ich stehen bleiben und den Anblick der Schlucht auf mich wirken lassen. Kroatien hatte gewiss noch zahlreiche Filmmotive zu bieten, die angesichts leichterer

Technik und Drohnen heute erschlossen werden konnten. Regisseur Harald Reinl meinte, sein Team und er hätten die meisten Drehorte schlicht dadurch entdeckt, dass sie mit offenen Augen durch das Land gefahren seien. Dass er derjenige war, der mit DER SCHATZ IM SILBERSEE, WINNETOU I–III und WINNETOU UND OLD SHATTERHAND IM TAL DER TOTEN die wohl schönsten Filme der Reihe gedreht hat, ist gewiss kein Zufall. 1962, beim Dreh des ersten Winnetou-Films, war er 54 Jahre alt gewesen, hatte schon in 26 Filmen Regie geführt und ganz unterschiedliche Genres bedient. Aber das war nicht der Hauptgrund dafür, dass für den Produzenten Horst Wendlandt nur Reinl infrage kam. Der lag darin, dass er wie kaum ein anderer einen Blick für die inszenatorischen Möglichkeiten von Bergen und Landschaften besaß.

Den brachte er allerdings schon mit, als er in den 1930er-Jahren zum Film kam. Reinl zeichnet aus, dass er in seinen jungen Jahren auf drei völlig unterschiedlichen Wegen gewandelt ist. Sein Vater, ein Skifahrer und Bergsteiger, dem einige Erstbesteigungen gelangen, hatte ihn und seinen Zwillingsbruder mit den Alpen vertraut gemacht. Harald wurde begeisterter Skisportler, besaß ein Ausnahmetalent und verfolgte längere Zeit das Ziel, dies zu seinem Beruf zu machen. In der Saison 1929/30 holte er eine Reihe von Preisen und galt als einer der drei schnellsten Fahrer der Welt. Daher wurde Regisseur Arnold Fanck auf ihn und seine Kameraden aufmerksam und engagierte sie als Doubles in seinen Bergfilmen, unter anderen für Leni Riefenstahl. Reinl muss jedoch über seine Fahrkünste hinaus aufgefallen sein, denn Riefenstahl sollte später noch auf ihn zurückkommen.

Es klingt fast unglaubwürdig, dass er zugleich auch Jura studierte und diese Laufbahn 1934 mit einem Doktortitel abschloss. Als Jurist hat er allerdings nie gearbeitet, sondern konzentrierte sich vor allem auf den Sport, darunter auch auf den Skisprung. In einem Artikel der *Innsbrucker Nachrichten* aus jenen Jahren findet sich eine Aussage von ihm, die auf seine besondere visuelle Beziehung zu Raum und Bewegung verweist. Dort heißt es: «Wenn man zum ersten Mal vom Anlaufturm herunterblickt und tief unten die Menschen wie Ameisen herumkrabbeln sieht, erscheint es fast unfassbar, dass man sich in wenigen Sekunden mitten unter ihnen befinden kann, wenn man seine Sprunghölzer über die Kante der Plattform am Anlaufturm hinunterkippen lässt. Das Tempo, mit dem man bis zum Schanzentisch gelangt, ist geradezu unheimlich und hierin besteht auch die Schwierigkeit der weiten Sprünge, dass man aus dieser ungeheuren Wucht heraus, wenn der Wind einem um die Ohren pfeift und die Augen zu tränen beginnen, seinen Körper bis ins kleinste beherrscht in den Raum hinausschnellen muss.» Natürlich sollte man solche Aussagen nicht überinterpretieren, aber der abmessende Blick hinunter, die schnelle Bewegung durch den Raum bei offenem Auge sowie die hohe körperliche Disziplin sind gewiss keine schlechte Voraussetzung, um ein Gefühl dafür zu entwickeln, wie Darsteller und Kamera sich zeitlich exakt in einer offenen Landschaft zu bewegen haben. Wenn man so weit gehen möchte, darf man die langen Schwenks, die vor allem in WINNETOU I zu sehen sind und voneinander weit entfernte Figuren miteinander in Verbindung bringen, vielleicht als filmischen Ausdruck dafür deuten.

Als Reinl kurz darauf bei einem Sport-Kurzfilm auch am Drehbuch beteiligt war, erschloss er sich weitere Felder der Filmbranche. Aber das änderte noch nichts daran, dass er das Kino bloß als «eine wunderschöne und aufregende Gelegenheitsarbeit» und als «ein herrliches Abenteuer» ansah, wie er seinem Freund Luggi Waldleitner erklärte. Ein solches Abenteuer muss es 1936 auch gewesen sein, als er auf Anfrage Riefenstahls in die deutsche Hauptstadt ging, um zu den Dreharbeiten von OLYMPIA zu kommen, wobei unklar ist, welche Funktion er dabei übernommen hat. Der Film lockte ihn offenbar nur, wenn er zugleich mit Sport verbunden war, denn Riefenstahls Angebot, in Berlin zu bleiben, schlug er aus, um als Skilehrer nach Frankreich zu gehen.

Der Gedanke an eine Filmkarriere musste jedoch weiter in ihm gearbeitet haben, denn einige Jahre später ließ er sich erneut von Riefenstahl engagieren, diesmal als «künstlerischer Mitarbeiter» in ihrem Film TIEFLAND. Die Handlung spielt zwar in Spanien, aber dort zu drehen, war wegen der Auswirkungen des gerade erst beendeten Bürgerkriegs unmöglich. Man filmte stattdessen im Karwendelgebirge, wo Reinls Geschick und Kenntnisse der Bergwelt für die Regisseurin so unersetzlich gewesen sein müssen, dass sie bis 1944 seine Freistellung vom Kriegsdienst erwirkte. TIEFLAND wurde Reinls eigentliche Schule für seine spätere Regiearbeit. Hier lernte er, dass man nicht an Originalschauplätzen drehen musste, wenn man nur geeignete Motive anderswo fand. Und wenn man sich die Bilder des Gebirges der ersten Einstellungen anschaut, so kann man darin schon erkennen, wie er später den Tulove Grede in Jugoslawien filmen würde. 1949 drehte er mit BERGKRISTALL nach einer Erzählung von Adalbert Stifter seinen ersten eigenen Spielfilm, wieder im Gebirge. Anschließend durchlief er die unterschiedlichsten populären Gattungen, Heimat-, Kriegs- und sogar Kinderfilme, bevor er mit DER FROSCH MIT DER MASKE 1959 mit großem Erfolg die Edgar Wallace-Reihe eröffnete.

Für Wendlandt war Reinl daher wie kein anderer geeignet, das gewagte Karl-May-Abenteuer zu meistern. Der Produzent ging mit dem Versuch, einen deutschen Western zu kreieren, ein großes Risiko ein, war es doch bisher nicht gelungen, mit Stoffen Mays im Kino erfolgreich zu sein. Manfred Barthel, damals bei der Constantin für die May-Filme mitverantwortlich, argumentiert in seiner Autobiografie, dass Wendlandt die zwei entscheidenden Irrtümer seiner Vorgänger erkannt habe: Erstens, dass man sich die falschen Bücher ausgesucht hatte, und zweitens, dass viele meinten, solche Filme müsse man in den USA drehen, was natürlich nicht finanzierbar war. Wendlandt begann daher mit der beliebtesten May'schen Reiseerzählung, dem SCHATZ IM SILBERSEE, und suchte passende Motive in Europa und entschied sich für Jugoslawien.

Abgesehen von der Gattung war neu für Reinl, dass er im Breitwandformat Scope drehte, was seinem Blick für Landschaften aber nur entgegenkam. Hatte er in älteren Formaten die Höhe der Berge gut einfangen können, so erlaubte die ungewohnte Breite ihm jetzt, auch die horizontale Ausdehnung noch effektvoller zu inszenieren. Seine Winnetou-Filme stellen zugleich den Höhepunkt seiner Karriere dar, und als die Zugkraft der May-Filme nachließ und Wendlandt nach dem Flop von WINNETOU UND SEIN FREUND OLD FIREHAND (unter der Regie von Alfred Vohrer) von weiteren Projekten absah, da gelang es allein Reinl, die Reihe im Auftrag von Artur Brauner mit WINNETOU UND OLD SHATTERHAND IM TAL DER TOTEN würdig abzuschließen. Wie zum Abschied kehrte er nochmals an bekannte Drehorte zurück und fügte zugleich ein paar neue hinzu, der spektakulärste darunter der Grand Canyon, wo einige wenige Einstellungen entstanden, allerdings ohne die Darsteller, die man in den Reitszenen doubeln ließ. Der Film erhält dadurch eine besondere visuelle Note, auch wenn der landschaftliche Bruch zwischen den USA und Jugoslawien allzu erkennbar ist. Für Reinl muss es ein visuelles Fest gewesen sein, denn die Kamera weidet sich so sehr an den grandiosen Schluchten des Canyons, dass die Handlung zur Nebensache gerät. Zwei Jahre später gelang Reinl mit dem Dokumentarfilm ERINNERUNGEN AN DIE ZUKUNFT eine letzte große Leistung, die mit einer Oscar-Nominierung gewürdigt wurde. Mittlerweile war er bereits 62 Jahre alt, zog sich zwar nicht aus dem Geschäft zurück, konnte aber nie mehr an seine früheren Erfolge anschließen.

Es klingt wie die Ironie des Schicksals, dass Reinl, der so viele Kampf- und Actionszenen gedreht hatte, schließlich selbst das Opfer physischer Gewalt werden sollte. Seine dritte Frau hat ihn im Alkoholrausch 1986 in seinem Haus auf Teneriffa von hinten erstochen. Geliebt vom Publikum, von der deutschen Kritik ver- und von der ausländischen ge-achtet, mag sein Name zwar vielen noch ein Begriff sein, Leben und Bedeutung seines Werkes hingegen sind mittlerweile weitgehend unbekannt. Die Filmwissenschaft hat sich kaum mit ihm auseinandergesetzt. Es ist ein ebenso ungerechtes wie spürbares Versäumnis.

Ich war unterdessen weiter durch die Talsohle der Schlucht gewandert, die an manchen Stellen nur noch wenige Meter breit war. Den Blick hatte ich stets auf die Steine vor mir zu richten, da jeder Fehltritt zu einem Sturz führen konnte. Dann kam ich an einen großen Brocken, der offenbar hineingefallen war und den Durchgang in seiner ganzen Breite versperrte. Er war um die drei Meter hoch und konnte nicht einfach erklommen werden. An der rechten Seite war ein Stahlseil angebracht worden, an dem man sich festhalten und hochziehen musste. Bald hatte ich ihn überwunden und folgte der Strecke weiter bergauf. Langsam verstand ich, was der Wärter damit gemeint hatte, dass man die Strecke nicht zurücklaufen konnte. Es wäre ein gefährlicher Abstieg gewesen, und wenn es dazu noch regnete, wie es angekündigt war, und die Steine glatt wurden, schien es mir unmöglich umzukehren, ohne sich großen Gefahren auszusetzen. Ich blickte auf mein Telefon, kein Empfang. Der Wärter hatte sicherlich längst Feierabend gemacht, andere Wanderer schien es nicht zu geben. Sollte ich hier ausrutschen und mir etwas brechen oder auch nur verstauchen, so konnte ich die schwierige Strecke nicht mehr bewältigen und weder vor noch zurück, sondern hatte auszuharren, bis mich jemand fand. Das aber würde heute nicht mehr geschehen. Allenfalls wäre dann zu hoffen, dass derselbe Wärter morgen wieder Dienst schob, den Wagen auf dem Parkplatz erkannte und davon ausgehen musste, dass mir etwas zugestoßen war.

Allerdings gab es keinen Grund zur Sorge, solange ich vorsichtig blieb. Es ging weiter steil bergauf, ich suchte wie bei einem Kombinationsspiel jeweils den Stein, der meinem nächsten Tritt den besten Halt zu versprechen schien. Bald befand ich mich so hoch, dass ich, wenn ich mich umwandte, in der Ferne das Meer erkennen konnte. Ich sah auf die Uhr. Ich war schon zwei Stunden unterwegs, hätte also langsam an eine Gabelung kommen müssen, an der ich dem Rundweg links zu folgen hatte. Aber davon war weit und breit noch nichts zu sehen. Der schmale Steinlauf streckte sich vielmehr immer weiter aus und ließ kein

Ende erblicken. Ab und zu sah ich rechts und links nach oben, wo die Felsmauern majestätisch und bedrohlich in unerreichbare Höhen hinaufschossen.

Etwas später weitete sich die Schlucht ein wenig, und auf der rechten Seite entdeckte ich eine Höhle. Jemand hatte das Wort «Water» auf einen Stein geschrieben, und da mein Vorrat so gut wie aufgebraucht war, beschloss ich hinaufzugehen und nachzufüllen.

Am Eingang der Höhle stand in roten Lettern Kapljuvaca auf den Fels gemalt. Sie war hoch genug, dass ich aufrecht stehen bleiben konnte, zog sich aber wie ein Querspalt in die Breite. Von überall drang Feuchtigkeit aus den Wänden und ich hatte alle Mühe, nicht auszurutschen, denn im Inneren war der Felsboden von einer rotbraunen Lehmschicht bedeckt, die nicht nur an den Schuhen klebte, sondern auch äußerst glatt war, zumal es ein starkes Gefälle gab und man sich in Schlangenlinien vorzutasten hatte.

Es war eine Tropfsteinhöhle. Sie schien sich in den Felsen zu verlaufen, das Loch war jedoch so klein, dass ich mich nicht weiter darum kümmerte. Meine ganze Aufmerksamkeit galt dem Boden, um wohlbehalten zu dem Becken weiter oben zu gelangen, in dem sich das Wasser sammelte. Man hatte Plastikflaschen unter die Tropfstellen platziert und einen Trichter dazugelegt. So wurde vermieden, dass man das Wasser direkt von dem lehmigen Boden abschöpfen musste. Ich nahm den Trichter und füllte meine Flasche auf. Das Wasser hielt ich gegen das Licht, es war ziemlich klar, auch wenn vereinzelt schwarze Teilchen darin schwebten. Ich nahm einen Schluck, es war nicht so kalt, wie ich es befürchtet hatte, einen besonderen Geschmack konnte ich nicht ausmachen. Ich trank weiter und setzte mich auf einen Stein, um mich kurz auszuruhen und zu orientieren. Dazu holte ich die dünne Broschüre hervor, die mir der Wärter gegeben hatte, und studierte die kleine Karte auf der Rückseite. Kapljuvaca, hier war es! Wie bitte? Ich hatte noch nicht einmal zwei Drittel des Weges bis zur Gabelung zurückgelegt! Jetzt befiel mich eine echte Sorge, denn wenn es so weiterging, würde ich wenigstens sieben oder vielleicht sogar acht Stunden für die Strecke benötigen. Dies bedeutete nichts anderes, als dass ich in den Regen geriet, und das, ohne zu wissen, wie der Abstieg des Rundwegs beschaffen war. Der Schreck trieb mich zur Eile an, ich erhob mich und wäre fast ausgerutscht. Nein, Eile war hier kein guter Ratgeber, ich musste den Weg in aller Ruhe fortsetzen. Ich stieg wieder auf das Flussbett hinab und ging weiter, nicht ohne anfangs eine gewisse Erschöpfung zu spüren, immerhin war ich bereits fast drei Stunden lang unentwegt aufgestiegen.

Nach einer weiteren Viertelstunde verließ der Weg endlich das Steinbett und zog nach links oben unter Bäumen hinauf. Die Steineichen wichen hier weitgehend Birken und Nadelhölzern. An manchen Stämmen waren Baumpilze gewachsen, sogenannte Zunderschwämme, groß wie Unterstände für Zwerge, als befände man sich in einem Märchenwald. Der schmale Pfad auf dem weichen Boden erlaubte es mir, viel schneller vorwärtszukommen, allerdings musste man aufpassen, nicht über Wurzeln zu stolpern, die überall aus dem Boden ragten, und mit dem Kopf gegen Äste zu stoßen oder in das dornige Gestrüpp an den Seiten zu geraten.

Nach weiteren zwanzig Minuten aufwärts lichtete sich die Vegetation und ich kam an eine Biegung, von der ich endlich einen Blick auf die Umgebung werfen konnte. So weit das Auge reichte, gab es hier nur kargen Fels und Schluchten. Es tat gut, den Blick schweifen zu lassen, und dennoch stellte sich ein beunruhigendes Gefühl ein. Es war nirgends auch nur die Spur eines Menschen oder der Zivilisation zu bemerken. Die Berge strotzten mir selbstbewusst entgegen, als wollten sie mir zu verstehen geben, dass ich bloß ein winziger Eindringling war, sie aber eine unzählige Sippe von Steinköpfen und -körpern, deren Wellenlinien einen glauben ließen, sie schunkelten miteinander, um ihre Verbundenheit zu feiern. Mir fielen Reiseberichte aus dem 18. Jahrhundert ein, in denen ich gelesen hatte, dass man bei Kutschfahrten durch die Berge die Vorhänge zuzog, weil der Anblick der Massive Angst und Unbehagen auslöste. Dieses beklemmende Gefühl war in den letzten zweihundert Jahren durch Tourismus und Forschung wegrationalisiert worden, konnte sich aber offenbar sofort wieder einstellen, so wie jetzt bei mir, wenn die Umstände günstig dafür waren. Ich hatte noch nie Angst in den Bergen gehabt und war vor Jahren im Hochgebirge regelmäßig Ski gefahren. Aber auf den weißen Hängen hatte stets ein buntes Treiben geherrscht, und die Leute tummelten sich dort wie auf einem Weihnachtsmarkt, sodass man vor allem darauf achten musste, mit niemandem zusammenzustoßen, wenn man nicht in der Schlange an den Liften stand. Hier aber war ich ganz allein. Ich hätte rufen, schreien, singen können, es wäre ungehört zwischen diesen Flächen aus Steinen, die mit grünen Flecken aus dornigen Büschen gesprenkelt waren, hin und her gegangen und dann kommentarlos in den Schluchten verhallt.

Hatte ich mich jemals in meinem Leben so allein gefühlt? Ein solches Gefühl von Verlorenheit überraschte mich, es war fast unwirklich, fast eine Fantasie, so verstörend wie die Vorstellung, ich sei auf einem unbewohnten Planeten gelandet, von dem es kein Zurück mehr gab. Aber das Beklemmende lag eben darin, dass ich bei aller Träumerei tatsächlich hier stand, auf hartem Boden, der Wind mir kühl über das Gesicht strich, und Gelenke und Muskeln sich bemerkbar machten.

Mitte der 1990er hatte Enzensberger geschrieben, dass der Luxus in der Konsumgesellschaft nicht mehr in teuren Produkten liege, sondern in der Menge, in der einem das Grundsätzlichste des Lebens zur Verfügung stehe: Zeit, Raum, Ruhe und eine gesunde Umwelt. Wenn das zutraf, dann hatte ich in diesem Moment Luxus pur, abgesehen davon, dass ich einen gewissen Zeitdruck verspürte. Aber der Raum schien endlos und unbeherrschbar, und die Ruhe lag schwer auf der Landschaft, denn nicht einmal Vogelrufen war zu hören, obwohl überall auf die reiche Fauna hingewiesen worden war. Die Luft schien wie das Quellwasser von den Felswänden gefiltert zu sein, belebte einen derart mit Sauerstoff, dass man das Gleichgewicht verlor, wenn man zu tief einatmete.

Wie berauscht von Luft und Szenerie hatte ich verwirrende Eindrücke von meiner Situation. Einerseits drängte es mich fort, aus Angst davor, tatsächlich die Nacht in den Bergen verbringen zu müssen, aber zugleich hätte ich ewig an diesem Vorsprung stehen bleiben können, und wenn ich dies jetzt niederschreibe, habe ich das Gefühl, immer noch dort zu sein, als wäre der Mensch in meiner Wohnung bloß eine Kopie von mir, die darauf wartet, sich dort oben wieder mit dem Original zu vereinen.

Schließlich ging ich weiter und kam nach einer Viertelstunde an die ersehnte Gabelung. Hier ruhte ich mich kurz aus, nicht weil ich erschöpfter war als vor fünfzehn Minuten, sondern eher aus dem Bedürfnis, den Moment zu würdigen. Der Weg führte auf ebener Fläche weiter. Als ich ihn hinunter gegangen war, kam ich zur nächsten Gabelung, an der es links wieder hinunter und geradeaus zur großen Paklenica-Schlucht ging. Ich schlug den Weg nach links ein. Nach einigen Hundert Metern unter Bäumen und zwischen hohen Sträuchern, lichtete sich endlich die Vegetation und ich konnte unten in der Ferne wieder die Küste mit dem Städtchen Seline sehen. Ich mochte mich auf ungefähr sechshundert Metern Höhe befinden, der Weg hinunter war zwar noch weit, aber allein das Ziel vor Augen zu haben, nahm jede Unsicherheit von mir, egal, was jetzt noch kommen würde. Der Abstieg erwies sich als deutlich einfacher als der Aufstieg und so wurde mein Geist wieder frei, sich auf andere Fragen zu konzentrieren.

Ein immer wieder erhobener Vorwurf gegen die Winnetou-Filme bestand darin, dass sie mit Mays Reiseerzählungen – von grundsätzlichen Ähnlichkeiten in Der Schatz im Silbersee und der Winnetou-Trilogie abgesehen – nicht mehr als Titel und Figuren gemein hätten und sie vielmehr aus der Tradition des US-Western stammten. Brice' Winnetou sei vorgestaltet in Jeff Chandlers Darstellung des Apachenhäuptlings Cochise aus Der gebrochene Pfeil ebenso wie Debra Paget als schöne Indianerin

Morning Star eine Vorläuferin von Marie Versini sei; die Kostüme der Blutsbrüder gingen zurück auf Lex Barkers Lederanzug und einer Häuptlingstracht der Mingos aus DER WILDTÖTER, und in WINNETOU I und III seien die Szenen mit den Büffeln sogar direkt aus DIE LETZTE JAGD übernommen worden. Da klingt Empörung mit, ganz so, als seien die Zuschauer betrogen worden. In einem Erziehungsratgeber aus dem Bücherregal meines Elternhauses machte man sich sogar darüber lustig, dass die Statisten gar keine richtigen Indianer, sondern Jugoslawen seien, die nur so täten, als seien sie welche. Wie dreist musste man sein, Kinder und Jugendliche so an der Nase herumzuführen!

In der Postille zum *Namen der Rose* schreibt Umberto Eco, dass in seiner Heimat Italien nur wenigen Tausend Personen die Regeln der Fiktion bekannt seien. Ich vermute, dass es im deutschsprachigen Raum auch nicht besser darum steht. Filmmaterial von anderen zu übernehmen, war immer gängige Praxis. Wie hätte man sonst authentische Bilder von Bisons bekommen sollen? Noch dazu von Bisons, die niedergeschossen werden? Hätte man sie etwa selbst niederschießen sollen? In DIE LETZTE JAGD durfte das Filmteam den jährlichen Abschuss von Bullen im Wildreservat Custer State Park (South Dakota) mit der Kamera festhalten, eine an sich schon außergewöhnliche Situation. Was lag also näher, als solche Bilder zu verwenden?

Aber nehmen wir den Vorwurf ernst und denken wir ihn weiter, dann kommen wir schnell darauf, wie man einen «richtigen» Winnetou-Film zu drehen hat: Erstens darf nur in den USA gedreht werden, logisch, denn alle anderen Drehorte sind nicht authentisch; zweitens müssen die Statisten allesamt wirkliche Indianer seien; drittens muss Winnetou von einem Apachen gespielt werden (wie kam man bloß auf den Gedanken, einen Franzose dafür zu engagieren?); viertens muss Old Shatterhand von einem Deutschen dargestellt werden, das ist klar wie Kloßbrühe, denn auch Wagneropern dürfen bekanntlich nur von Deutschen gesungen werden. Aber halt! Es weiß doch jeder, dass Karl May selbst Old Shatterhand war. Also darf natürlich nur Karl May selbst ihn verkörpern. Dummerweise ist er tot. Da fällt mir ein, dass Karl May Old Shatterhand nur erfunden hat und dass dessen Abenteuer überhaupt nicht passiert sind. Ja, dann hätten die Bücher doch nie geschrieben werden und natürlich auch nie verfilmt werden dürfen … Womit das Problem dann endlich geklärt wäre. Aber mal im Ernst: Nehmen wir das jüngste Beispiel von Martin Scorseses KILLERS OF THE FLOWER MOON, der von den Verbrechen geldgieriger Weißer an den Osagen erzählt und dabei die meisten Osagen tatsächlich von Osagen spielen lässt, wenn auch nicht die wichtigste Figur Mollie, wobei die Darstellerin Lily Gladstone zumindest indigener Herkunft ist. Das verleiht dem Film vielleicht eine größere dokumentarische Glaubwürdigkeit, allerdings nur, wenn man es weiß, denn aus der Physiognomie der Darsteller selbst geht dies nicht zwangsweise hervor. Aber lassen wir diesen Einwand weg, dann hat sich eigentlich nur auf der Ebene der Besetzung etwas verändert. Der Plot selbst unterscheidet sich im Grunde kaum von den meisten Karl-May-Filmen, die ebenso von den Verbrechen geldgieriger Weißer an den Indianern erzählen.

Auch wenn Elemente der Winnetou-Filme aus der Tradition des Westerns stammen, würde sie doch niemand mit einem US-Western verwechseln, denn es gibt etwas, das beide grundsätzlich voneinander unterscheidet. Blicken die Amerikaner auf die *First Nations*, so ist es ein Blick auf die eigene Geschichte, und dieser Blick war lange Zeit verklärend und hymnisch. Selbstkritische Western werden daher als revisionistische, Anti- oder neutraler als Off-Beat-Western bezeichnet, und diese Einzelschläge gegen den Rhythmus haben den Takt der Gattungsgeschichte schließlich nachhaltiger markiert als die konventionellen Streifen. Am Ende bleiben beinahe nur sie noch übrig, eben, weil die Entwicklung darauf hinausläuft, den indigenen Kulturen eine mediale Stimme zu verleihen, angefangen mit DER GEBROCHENE PFEIL in den 1950ern, über SIE NANNTEN IHN HOMBRE in den 1960ern, 1970 dann LITTLE BIG MAN, 1990 DER MIT DEM WOLF TANZT, 1995 Jim Jarmuschs DEAD MAN und 2023 den eben erwähnten

Killers of the Flower Moon. Jeder Titel ist ein Stück Aufarbeitung, ein Stück Selbstbezichtigung, Schuldeingeständnis, ein Wachrütteln und Neu-Überdenken, und jeder davon gibt dieser Reflexion ein ikonisches Gesicht: James Stewart, Paul Newman, Dustin Hoffman, Kevin Costner, Johnny Depp, Leonardo DiCaprio – das sind erstaunlich klingende Namen für sogenannte Off-Beat-Western und klingende Münzen, denn sie wurden nicht nur von der Kritik hoch gelobt, manche erwiesen sich auch als Kassenschlager.

Wenden sich jedoch Europäer dem Wilden Westen zu, dann ist ihr Blick naiv und unbeschwert, jenseits der historischen Last, dann wenden sich die Botschaften entweder ins Allgemeine – gegen die Zivilisation, die Entfremdung von der Natur, die Zerstörung der Umwelt – oder aber ins Spielerische wie im Italowestern, ins Ausloten extremer Männlichkeiten, fantastischer Schießkünste oder nostalgischer Projektionen.

Als ich schließlich den Parkplatz nach siebeneinhalb statt vier Stunden wieder erreichte und mich ins Auto setzte, war es wie eine Erlösung. Zurück im Hotel ruhte ich mich kurz aus, duschte heiß und ging dann zum Abendessen. Es gab gebratene Entenbrust mit Kartoffeln, dazu holte ich mir ein Bier. Als ich es auf den Tisch vor mir stellte, mich hinsetzte und die Welt um mich aus der Untersicht erblickte, hatte ich plötzlich eine Art Vertigo-Effekt, eine merkwürdige Verfremdung, kein Schwindelgefühl wie bei Hitchcock, sondern eher eine langsame Distanzierung von allem, was mich umgab, wie in Goodfellas, als zwei der Hauptfiguren in einem Imbiss vor einem großen Fenster sitzen und die Straßenszenerie im Hintergrund auf verstörende Weise näher kommt, obwohl die Kamera sich den Figuren gar nicht nähert, nur dass in meiner Wahrnehmung sich alles von mir zu entfernen schien: die hin und her eilenden Kellner, die zankenden Familienkinder, die älteren Ehepaare an den Nachbartischen, die sich davon gestört fühlten, die weichgewaschenen Beatles-Instrumentalversionen, die im Raum schwebten, die laute Gruppe von feiernden Russen gegenüber. Plötzlich sehnte ich mich nach

Einsamkeit und fragte mich, wie es wohl gewesen wäre, wenn ich die Nacht in den Bergen verbracht hätte. Was mir heute Nachmittag noch Angst gemacht hatte, wünschte ich nun herbei und ich vermisste die Schlucht plötzlich geradezu. Bilder von Steinen tauchten vor mir auf, von Felsen, über die ich geklettert war, von der Höhle, in der ich Wasser aufgefüllt hatte. Für sich genommen schien dies alles ganz gewöhnlich, aber inmitten des überfüllten Speisesaals gewann es einen unschätzbaren Wert und vermittelte mir das Gefühl, als ob irgendetwas von mir dort zurückgeblieben sei. Vielleicht liegt darin jene sonderbare Sehnsucht, die Karl May als die «Prairiekrankheit» bezeichnet hatte.

VI
Verlorene Abenteuerschönheiten

Östlich von Solin, das heute längst mit der Metropole Split verschmolzen ist, liegt die Karstquelle des Jadro, eines Flüsschens, das gerade einmal vier Kilometer Länge erreicht, bevor es sich in die Adria ergießt. Dort, und nur dort lebt die Jadra, die Weichmaulforelle, gefährdet durch Zivilisation und konkurrierende Spezies, weshalb der Fluss unter besonderem Schutz steht, abgesehen davon, dass er rein genug ist, um die anliegenden Städte mit Trinkwasser zu versorgen. Trotz dieser erhaltenden Maßnahmen hatte ich nur wenig Hoffnung, als ich mich dorthin begab. Denn es ging mir nicht um den Jadro, sondern um das an seinem Ufer liegende Zementwerk. Es hatte, so unglaublich es klingen mag, als eines der schönsten Motive aus WINNETOU II gedient und war auch noch in OLD SUREHAND und WINNETOU UND SEIN FREUND OLD FIREHAND genutzt worden. Es gab dort einen kleinen runden See, entstanden durch die Ausbaggerungen und umschlossen von steil abfallenden kahlen Sandufern, die auf der einen Seite vergeblich eine langgezogene hohe Wand aus Kalkstein hinaufkriechen und auf den anderen von Hügeln und Mulden umgeben sind. Die graue Monotonie wurde an manchen Hängen von grünen Tupfen aus Grasbüscheln aufgelockert, im Film zusätzlich von den ostentativ aufgestellten Sukkulenten mit ihren schwertförmigen Armen, die einen Hauch von Mexiko vermitteln. Der Kalksteinabbruch hatte einen fantastischen Park geschaffen, ein Spielparadies, in dem das Grau der kahlen Hänge mit dem leuchtenden Blau des Sees eine unwirkliche Verbindung einging: eine Mondlandschaft unter strahlend gelber Sonne und mitten darin ein lachendes türkisfarbenes Auge, das allen Schadenzauber abwies. Jeder Schritt wirbelt hier Staub auf, jeder Lauf zieht eine dramatische Spur durch die Luft, und Schuhe, Hose, Hemd und Haut sind bald bedeckt von einer grauen Schicht, zum Beweis, dass man dort gewesen ist und sich in diesem Garten Eden gewälzt hat.

Hier wurde in WINNETOU II der Siedlertreck von der Forrester-Bande niedergemacht, hier verschanzten sich Old Shatterhand, Winnetou und Lord Castlepool hinter dem Rand einer Mulde, um sich gegen die Überzahl der Outlaws zur Wehr zu setzen und durch eine List über den See zu entkommen. Hier stand in OLD SUREHAND das Dorf der Komantschen, in dem die Totenfeier für den verstorbenen Häuptlingssohn abgehalten wurde. Und am Ende von WINNETOU UND SEIN FREUND OLD FIREHAND wurde hier der Rest der Silers-Bande über den Rand des Ufers getrieben, um den Steilhang hinabzurollen und in den See zu plumpsen. Hätte man die Kamera um 180° gedreht, wären die wirren Rohre und Schlote der anliegenden Zementfabrik in den Fokus gekommen. Rechts Indianer und Banditen, links der rauchende Atem eines Industriedrachen.

Rennen, stürzen, klettern, schwimmen, tauchen, sich hinschmeißen, hier war alles erlaubt, alles möglich. Was aber konnte nach über fünfzig Jahren Steinbruch davon übrig geblieben sein? Immerhin war der See noch auf den Karten verzeichnet.

Als ich den Jadro auf einer schmalen Holzbrücke überquerte, um das Gelände zu betreten, war ich erstaunt, wie grün hier alles war. Die Mondlandschaft hatte sich in einen Park verwandelt. Nur die kahle Felswand deutete noch auf den früheren Zustand hin, auch wenn Bäume über sie hinausragten. Bäume, Gras und Sträucher bedeckten auch den Hügel links vor mir, hinter dem der See liegen musste. Nur rechts gab es eine leere sandige Fläche, so groß wie ein Fußballfeld, aber ohne jeden dramatischen Charme. Ich ging daher den Hügel hinauf und tauchte in das Blätterdach des Hains ein, der dort entstanden war. Hin und wieder leuchteten Sandflächen wie graue Pfützen aus dem Grün hervor. Es hatte geregnet, der Boden backte an den Schuhen fest und musste auf den Grasflächen wieder abgestreift werden. Der Hügel war höchst unregelmäßig, ganz so als sei er ein Überbleibsel von Aufschüttungen aus der Zeit der Dreharbeiten, denen man die Zeit gegeben hatte, sich überwuchern zu lassen. Auf der anderen Seite ging es steil hinab, und ich musste mir eine sanfter abfallende Stelle suchen, um die Fläche vor mir zu erreichen, wo ein Bagger und weitere Arbeitsfahrzeuge herumstanden, jedoch niemand zu sehen war. Links von mir, nicht weit von der Fabrik entfernt, lag ein Hund angekettet, der aufsprang und laut anschlug, als er mich entdeckte. Aber auch jetzt ließ sich niemand blicken, um nachzuschauen. Ebenso wenig fand ich jedoch den blauen See. Eigentlich hätte er schon vor mir liegen müssen. Aber vielleicht war meine Karte ungenau oder ich hatte sie nicht richtig gelesen. Ich setzte also meinen Weg fort und überquerte die Fläche in der Hoffnung, ihn hinter der nächsten Halde zu finden. Der Hund bellte indessen weiter. Ich versuchte, ihn zu ignorieren, aus Sorge, er könnte sich in jene an Wahnsinn grenzende Wut von Wachhunden steigern, die man in grausamen Dressurspielen darauf abgerichtet hatte, alles Fremde zu hassen. Vielleicht hatte ich Glück, vielleicht wirkte meine Strategie, das Tier verlor bald schon das Interesse an mir, behielt mich zwar weiter im Auge, so glaubte ich, knurrte aber kurz darauf nur noch und verstummte anschließend ganz.

Der Weg führte um die Halde herum und stieg leicht an. Auf dem unebenen Boden hatten sich überall große Pfützen gebildet, die ich zu umgehen versuchte und daher am Rand entlangging, wo zwar kein Wasser stand, der Boden dafür aber völlig aufgeweicht war und ich mehrere Zentimeter tief im lehmigen Matsch versank. Doch auch hinter der Aufschüttung war weit und breit kein Wasser in Sicht. Ich drehte mich im Kreis, holte nochmals die Karte hervor, nach der ich nichts weniger als mitten im See stehen musste. Weitergehen konnte ich auch nicht, da das Gelände abfiel und zu Lagergebäuden und Abstellflächen des Werkes führte. Ich kehrte wieder um. Der Hund schlug erneut an, als er mich zurückkommen sah, diesmal aber routinierter. Ein Mann stand jetzt an einem der Fahrzeuge, ich ging auf ihn zu. Er wirkte gar nicht wie ein Zementwerksarbeiter, denn er trug Jeanshosen und ein gestreiftes T-Shirt, beides ohne Arbeitsspuren, und schien an diesem Orte so fehl am Platze zu sein wie ich selbst. Ich sprach ihn an und fragte nach dem See. Er antwortete in flüssigem Englisch mit nur leichtem Akzent und erklärte mir, dass der See aus hygienischen Gründen zugeschüttet werden musste. Die Wohngebiete seien immer näher an das Zementwerk herangerückt und hätten dies notwendig gemacht. Ich bemerkte, dass ihn meine Frage stutzig gemacht hatte, und war daher nicht überrascht, als er zurückfragte, was ich denn dort wollte.

Die Winnetou-Filme sind als jugoslawische Co-Produktionen auch in Kroatien weiterhin bekannt, ich konnte also auf Verständnis hoffen und gestand freimütig, dass ich Filmmotive suchte. Daraufhin lachte er und meinte, dass ich nicht der Einzige sei und wohl aus Deutschland oder Österreich komme. Ich nickte. Manche kämen sogar mit Fotos aus den Filmen, meinte er, und hatten Freude daran, akribisch nach der exakten Perspektive zu suchen, hielten Fotos und Farbdrucke in die Luft und liefen damit durch die Landschaft, ein Auge auf die Abbildungen, ein anderes auf die Welt.

Ich war froh, dass ich meine Farbdrucke in der Tasche gelassen hatte und nur die Karte in der Hand hielt. Aber natürlich gehörte auch ich zu jenen Pilgern, die mit religiösem Eifer nach Spuren künstlich und künstlerisch erschaffener Bilder suchten, denen etwas Fanatisches angehaftet hätte, wenn es um mehr als alte Filme gegangen wäre, und die stattdessen nur kauzig und verschroben wirkten. Ich lächelte ertappt und nickte dabei in langsamen Bewegungen, woraufhin er offenbar ein schlechtes Gewissen hatte, vielleicht, weil er solch kindliche Neigungen doch respektierte, denn er wechselte sofort das Thema. Er sei in Deutschland gewesen, fing er an, in Soest und in München. Ob ich das kennte? Eine merkwürdige Kombination, dachte ich, Soest und München, ja, ich kannte beide, ermunterte ich ihn. Eigentlich sei er Musiker, spiele Gitarre, erklärte er weiter. Jetzt hätte ich fragen müssen, was er dann auf dem Gelände eines Zementwerkes machte. Aber irgendetwas hielt mich jedoch zurück, vielleicht Desinteresse aus Enttäuschung darüber, dass hier so gut wie nichts mehr von den Filmmotiven überlebt hatte, und aus der damit einsetzenden Eile, den nächsten Drehort aufzusuchen, um den Mangel wieder auszugleichen. Daher zollte ich ihm lediglich Respekt, dankte ihm für die Auskunft und ging weiter.

Eigentlich stand nun ein ehemaliger Steinbruch bei Stobreč wenige Kilometer von hier auf dem Programm. In dessen breiter, an einer Seite von glatten Felswänden gesäumten Mulde hatte in WINNETOU II das Ölfeld New Venango gestanden, in dem Old Shatterhand und Castlepool vorübergehend gefangen werden und sich dann gemeinsam mit aufständischen Arbeitern befreien, bevor alles in einem Flammeninferno grandios zugrunde geht und sämtliche Szenenbauten niedergebrannt werden. Auch dieses Motiv war ein weiterer großartiger Spielplatz gewesen, aber die Verstädterung hatte es sich einverleibt. Die Häuser waren unmittelbar an die Stelle herangerückt, man hatte die Mulde mit Erde und Schutt gefüllt und eine Schule darauf gebaut. An die Filmbilder erinnerte nur noch ein Stück der Felswand, das aus dem Boden herausragte. Der Sand- und Steinabbau in Solin und Stobreč hatten Wüstenlandschaften geschaffen, die mir zwar als natürlich erschienen, tatsächlich aber keineswegs ursprünglich waren, sondern der Zivilisation entwachsen und wieder von ihr verschlungen wurden. Sie existierten nur noch im Bild und verliehen den Filmen den Status eines Landschaftsdokuments, der mir in dieser Form bisher gar nicht bewusst geworden war. Dass Filme unwillentlich Mode, Musik, Stile und Technik ihrer Zeit bezeugten, war offensichtlich, aber wie stark auch die Orte selbst sich veränderten, darüber hatte ich nur wenig nachgedacht. Genauso wie die Schönheit der Darsteller waren auch die Diven der Landschaft dem Zeitlichen unterworfen und mit ihnen vergangen. Vielleicht würde man sich in Zukunft weniger für die Geschichten interessieren, die in den Filmen erzählt wurden, als für die Bilder von vergangenen Welten.

Ich beschloss daher, nicht nach weiteren Spuren von Steinbrüchen zu suchen, sondern machte mich auf den Weg in das Küstenstädtchen Omiš, nur eine halbe Stunde südlich von Solin. Dort ergießt sich die Cetina, einer der bedeutendsten Flüsse Dalmatiens, in die Adria. Über die Jahrtausende hat der Fluss ein malerisches Tal in das Land gegraben, das sich über rund hundert Kilometer erstreckt und mehreren Filmen reizvolle Motive bot. Auf seinen Stromschnellen wurde die halsbrecherische Floßfahrt aus DER ÖLPRINZ gedreht; an seinen Ufern lagerten sowohl Old Shatterhand und Castlepool als auch die Banditen in WINNETOU II, dort trafen sich die Blutsbrüder unter einem markanten Felsen, an dem auch der Eingang zur Höhle der Assiniboins lag.

In Omiš angekommen, folgte ich dem Ufer flussaufwärts und erreichte schon kurz darauf den Biergarten und das Ausflugsrestaurant Radmans Mühle, auf Kroatisch Radmanove mlinice, hinter dem sich der erwähnte Felsen befinden sollte. Es war mit einem Tor verschlossen. Ich konnte dort also nicht parken und fuhr noch ein Stück weiter, wo sich bald der imposante Fels über den Bäumen erhob. Ich bog rechts davor in eine Einfahrt ein, die zu einer Rafting-Hütte führte. Auch hier schien weit und breit niemand zu sein. Ich ließ den Wagen stehen, ging ans Ufer hinunter und wandte mich dort dem Felsen zu. Er stand frei, seine rundhöckerige Spitze und die von ihm auslaufenden drei Steinbahnen erinnerten an einen Elefantenbullenkopf: Die mittlere Bahn bildete den Rüssel, die beiden äußeren die Stoßzähne.

Allerdings stimmte weder die Perspektive, noch konnte ich wegen der Bäume und Sträucher, die alles überwuchert hatten, wirklich etwas erkennen. Bei den Dreharbeiten war das Ufer kahl gewesen, gewiss hatte man den einen oder anderen Strauch ausgerissen oder gestutzt, jetzt aber war alles so grün, dass man die Gegend ohne den Elefantenkopf niemals wiedererkannt hätte. Die Kamera musste weiter flussabwärts gestanden haben, ich ging daher die Straße wieder zurück und kam schon nach zwanzig Metern zu einem weiteren Weg, der zu einem mit Kieselsteinen bestreuten freien Platz am Ufer führte. Vielleicht war hier die Stelle gewesen. Meine Euphorie wurde jedoch von einem Mini-Fünftürer gebremst, der nah am Wasser stand und aus dem Bassrhythmen wuchteten, die in nicht ganz harmonischem Einklang mit den Bewegungen des Wagens standen, aber dennoch keinen Zweifel daran ließen, was darin gerade vor sich ging. Wut und Peinlichkeit stiegen in mir auf. Wut, weil mir die Insassen den Blick versperrten und dem Moment die feierliche Würde nahmen, die ich empfand, Peinlichkeit, weil es mir unangenehm war, mich dem Wagen zu nähern, um vom Ufer aus erneut nach dem Motiv Ausschau zu halten. Nicht dass es das erste Mal gewesen wäre. Pärchen, die die Welt um sich vergessen hatten, war ich schon an den Stränden Nordspaniens und in Italien begegnet, aber hier hätte ich unweigerlich als Spanner gewirkt, wenn ich zum Ufer hinuntergegangen wäre. Es war idiotisch. Ich kannte die Insassen gar nicht, es konnte mir daher völlig gleichgültig sein, was sie von mir dachten.

Ich war aus einem bestimmten Grund hierhergekommen, und jetzt sollte mich ein verzweifeltes Liebespaar – denn anders konnte ich mir Sex in einem Kleinwagen nicht erklären – davon abhalten?

Ich wandte mich um und ging zum Eingangstor von Radmans Mühle. Es war zu hoch, um darüber zu klettern, abgesehen davon, dass die Einfahrt abschüssig war und der Parkplatz so tief unter mir lag, dass ich auch nicht von der Mauer hätte hineinspringen können. Ich spähte zu dem historischen Gebäude, um das der Biergarten sich ausbreitete. Es war alles dunkel, nirgends ein Lebenszeichen. Ich wandte mich um und sah, dass der Parkplatz eine eigene Ausfahrt hatte. In der Tat war die Zufahrt zu schmal, um zwei Wagen zugleich passieren zu lassen. Die Ausfahrt wiederum war nur mit einem hüfthohen Gartentor verschlossen. Ich eilte dorthin und befand mich nach einem Schritt auf dem Gelände, überquerte den Parkplatz und kam in die Biergartenzone. Links von mir brummten zwei Flaschenkühlschränke, ansonsten war alles still. Mehrere Sonnenschirme waren vom Sturmwind der letzten Nacht umgeworfen worden, lagen immer noch auf dem Boden und deuteten darauf hin, dass seitdem niemand hier gewesen war, um nach dem Rechten zu sehen. Dennoch tastete ich mich langsam vorwärts und hielt Ausschau, hatte ich doch das schlechte Gewissen, unerlaubt in ein Privatgelände eingedrungen zu sein. Der Biergarten erstreckte sich am Ufer hin und endete in Spielplätzen und feuchten Wegen durch das Gestrüpp, die zu Anlegestellen am Ufer führten. Ich folgte ihnen und kam an ein Boot, das in einer kleinen Bucht zwischen den Sträuchern im Wasser lag. Sofort kam mir der Gedanke, auf die Cetina hinauszufahren, um eine bessere Sicht zu haben und sogar das unzugängliche andere Ufer zu erreichen, wo das Kiowadorf in HALBBLUT APANATSCHI gestanden hatte. Aber es gab keine Ruder, und selbst wenn ich welche gehabt hätte, wäre es bei der starken Strömung ein Wagnis gewesen. Ich folgte dem Weg weiter und kam schließlich in die Nähe eines Zauns, wo ich erneut bis ans Ufer herankam. Durch das Gestrüpp hindurch sah ich auch den Mini wieder, in dem es ruhig geworden war. Ich blickte zum Felsen hinauf. Tatsächlich befand ich mich hier ziemlich genau an der Stelle, wo die Kamera gestanden hatte. Aber auch hier war alles grün überwachsen und von dem filmischen Motiv fast nichts mehr zu erkennen.

Nicht weit in östlicher Richtung von dem Elefantenfelsen hatte der Szenenbildner Vladimir Tadej für WINNETOU II einen Höhleneingang aus Gips simuliert. Die Höhle selbst befand sich jedoch fünfhundert Kilometer weiter nördlich in Postojna, das heute zu Slowenien gehört. Von dem Aufbau ist heute nichts mehr zu sehen, aber für mich schloss sich hier ein Kreis, denn die besagte Höhle hatte ich bereits auf dem Hinweg besucht. Es handelt sich dabei jedoch nicht um *die* Höhle von Postojna, jenes elf Kilometer lange Naturwunder, das seit zweihundert Jahren eine Attraktion ist und heute Massen anzieht, die von morgens bis abends alle dreißig Minuten mit der Höhlenbahn ins Innere kutschiert werden, der einzigen U-Bahn des Landes, wie die Slowenen spötteln. Im Foyer des Hotels Jama («Höhle», wie könnte es anders sein) hängt auch ein Foto von Lex Barker und Eddi Arendt, die zusammen in einem Wagen sitzen, um in einer Drehpause die berühmte Höhle zu besuchen, die im 19. Jahrhundert von Kaisern und Königen besichtigt wurde, darunter auch Franz Josef und Sissi im Jahre 1857.

Der Boden Sloweniens besteht zu 43 % aus Kalkstein und ist daher überall mit Höhlen durchzogen, von denen pro Jahr angeblich fünfzig neue entdeckt werden. Das geschlossene Becken von Postojna, das sich an einer niedrigen Stelle zwischen Mitteleuropa und dem Mittelmeer befindet und sich auf nur 160 km^2 ausdehnt, gehört zu den bekanntesten Karstlandschaften. Das Höhlensystem wurde von dem kleinen Fluss Pivka erschaffen, der gerade einmal 26 Kilometer lang ist, aber seit Jahrtausenden daran arbeitet, die Gesteinsschichten des Beckens langsam aufzulösen. Indem das Wasser dabei immer tiefer vordrang, ließ es auf seinem Weg in den oberen Schichten weitläufige Höhlen zurück, die sich oft über mehrere Etagen erstrecken, wobei an den Stellen, wo die Decken brüchig wurden, große Hallen entstanden. Überall sind die Gänge mit den fantastischen Formen der Ablagerungen, sogenannten Speläothemen, dekoriert. Von der Decke ragen uralte Stalagtiten herunter ebenso wie ihr haarfeiner Nachwuchs, der hängenden Spaghetti ähnlich sieht; am Boden haben die Stalagmiten Fantasiefiguren ausgebildet, mal Zwerge, mal Eulen, Hähne oder was auch immer man darin erkennen will. Hier und da thronen bauchige Stalagnaten und verjüngen sich stufenartig nach oben, während aus den Schrägen beeindruckende Tropfsteinvorhänge herauswachsen, so täuschend echt, dass man meint, sie müssten bei jedem Windstoß zu flattern beginnen. Die Höhle ist in Staatsbesitz und spült hohe Summen in die Kassen, weil sich die Schaulustigen wie auf einem Jahrmarkt durch die Galerien schieben. Hätte man hier die Ruhe gehabt, einen Film zu drehen?

Das war überhaupt nicht nötig, denn nur wenige Kilometer weiter und über die Pivka mit der großen Höhle unterirdisch verbunden, befindet sich die Otoker Höhle, die gerade einmal 600 Meter lang ist. Reinl und sein Team haben aus ihr den motivlichen Höhepunkt von WINNETOU II gemacht und dort die wohl romantischste Szene aller Winnetou-Filme gedreht. Winnetou folgt der hübschen Ribanna, die mit einer Fackel vorangeht, in die Höhle, die märchenhaft in sanften Grün-, Rot- und Gelbtönen ausgeleuchtet ist. Sie kommen in eine Halle. Ribanna bleibt stehen: Die letzte Zuflucht des Stammes der Assiniboins, sagt sie, und Winnetou sei nun der einzige Fremde, der sie kenne.

«Ist er immer noch ein Fremder?», fragt der Apache.

Daraufhin eilt Ribanna mit der Fackel zur anderen Seite der Halle, stellt sie ab und spricht gegen die Kalksteinwand, die ihre Stimme in mehrfachem Echo widerhallen lässt:

«Ribannas Mund spricht leise, aber Winnetou kann ihn hören, denn er ist kein Fremder mehr.»

Jetzt dreht auch Winnetou sich zur Wand und antwortet ihr: «Auch Winnetous Mund spricht leise, aber laut spricht sein Herz.»

«Und was sagt sein Herz?», hallt es von ihr zurück.

«Ribanna», «Ribanna», «Ribanna» ...

Dabei legt Winnetou seine Hände auf einen Vorsprung im Fels auf Schulterhöhe und stellt eine körperliche Verbindung zur Umgebung her, ein kleines, aber wirksames Detail, das die Naturverbundenheit der Figur von allen anderen unterscheidet, eine Harmonie, die Pierre Brice mit seinen sanften Blicken und Bewegungen unterstreicht.

Aber ist die ganze Szene nicht kitschig? Wenn Kitsch, laut Milan Kundera, wie ein Paravent den Tod verdeckt, so sind die Winnetou-Filme das Gegenteil davon, weil Scheitern und Untergang stets präsent bleiben. Und so hat auch diese Liebe keine Zukunft, weil Winnetou sie für den Frieden opfern muss. Beim Besuch der Höhle fiel mir auf, dass dieses Scheitern räumlich schon in diese Szene eingeschrieben ist, denn nicht weit links von Ribanna – im Bild aber nicht zu sehen – befindet sich der Stalagmit, an dem sie später mit ihrem Mann Robert (Mario Girotti alias Terence Hill) von den Banditen gefesselt wird.

Wenn die Höhle von Postojna täglich Tausende anzieht, so musste ich ein wenig auf die Möglichkeit warten, die Otoker Höhle zu besichtigen, die nur auf Anfrage geöffnet wird. Wie mein Höhlenführer Žan mir mitteilte, sind es ca. 50 Personen im Jahr, fast alle aus dem deutschsprachigen Raum und alle kommen nur wegen Winnetou. Diesmal war ich der einzige und hatte anderthalb Stunden, um dort nach den Einstellungen zu suchen, was sich als viel schwieriger herausstellte als gedacht, denn es gibt keinen Strom in der Höhle, sodass wir auf die Lampen an unseren Helmen angewiesen waren, die nur ein fahles Licht vorauswarfen, lediglich stark genug, um zu sehen, wohin man den nächsten Schritt tat. Stille, Kälte, Feuchtigkeit, Dunkelheit, die Otoker Höhle wirkt in ihrer rohen Form völlig anders als im Film. Und doch war sie mit den Dreharbeiten weiterhin so eng verbunden wie kein anderer von den vielen Orten, die ich besuchen konnte. Denn überall waren weiße, rote und gelbe Flecken am Boden zu finden, hier und da lagen Überbleibsel von

Seilen herum und schwarz gewordene Holzstücke. Reste von Aufbauten für die Kamera, von choreografischen Markierungen für die Darsteller und vielleicht auch vom Pulver der Platzpatronen. Nur in der Otoker Höhle haben sich unmittelbare Spuren der Dreharbeiten über sechzig Jahre erhalten, als sei alles noch gar nicht lange her.

Mit der Zeit fanden wir fast alle weiteren Motive: den oberen Höhlenausgang im Film, der gar kein Ausgang war, sondern Tricktechnik, viele der kurzen Einstellungen aus den Kämpfen in der Höhle und auch die Stelle, aus der Winnetou emportaucht, nachdem er in der Fiktion durch einen unterirdischen Kanal hineingelangt war. Natürlich gibt es dort weder ein Becken noch einen Kanal. Reinl hatte hier warmes Wasser aufschütten lassen für seinen Darsteller, um einen unsichtbaren Übergang zwischen den Motiven herzustellen. Visuell verbunden wurde das Wasserbecken mit dem zehn Kilometer weiter östlich fließenden Rak bei Rakov Škocjan. Dort befand sich mit einer natürlichen Steinbrücke, der Mali naravni most, ein so außergewöhnliches Motiv, dass der landschaftsversessene Regisseur wohl keineswegs darauf verzichten mochte. Der Rak hatte die Kalksteinschicht über Jahrtausende so weit ausgehöhlt, dass große Teile der Decke eingestürzt waren, bis auf einen widerspenstigen Bogen, der schließlich eine Brücke bildete, die sich über eine dreißig Meter tiefe Aushöhlung erstreckt. Von oben bietet sich ein atemberaubender Blick auf den Fluss, der sich bald in einer Höhle, der Zelške Jame, verliert.

In WINNETOU II wird nun genau dies eingefangen: Erst reiten Winnetou und die Assiniboins heran und kommen an der Brücke zum Stehen. Die Kamera fährt dann nach unten über die Tiefe und fokussiert den dreieckigen spitzen Höhleneingang. Kurz darauf sind Winnetou und die Krieger in der Höhle zu sehen und eilen zum Wasser. Der Rak ist natürlich furchtbar kalt, und wer genau hinsieht, erkennt, dass Brice zwar bis ans Wasser tritt, nach einem Schnitt aber nicht selbst hineinspringt, sondern gedoubelt wird. Die Krieger folgen und schwimmen in Richtung der gegenüberliegenden Felswand, um dann dort abzutauchen, vermeintlich in den unterirdischen Kanal.

Beim visuellen Vernähen weit auseinanderliegender Räume entstehen leicht sogenannte Raccord-, das heißt Anschlussfehler. So auch hier: Als Ribanna mit Winnetou bei Omîs in die Höhle geht, sind kurz ihre nackten Beine unter dem Kleid zu sehen, in der Otoker Höhle hingegen trägt sie Hosen darunter. Da es in der Höhle kühl ist, Reinl nannte sie einen «Rheumakeller», hatte die Darstellerin wohl Leggins getragen, zumal solche Dreharbeiten sich über viele Stunden hinziehen. Unterstellen wir einmal, dass Profis wie Harald Reinl und sein Team sehr wohl wussten, dass Karin Dor Lederleggins unter dem Kleid getragen hatte. Warum hat man dann den Raccord-Fehler in Kauf genommen, bricht er doch mit der Illusionsbildung, dem ersten Gesetz eines Films? Vielleicht hätten die Hosen in der warmen Sonne fünfhundert Kilometer weiter südlich merkwürdig ausgesehen. Aber versuchen wir, charmant zu sein: Wahrscheinlich wollte Reinl einfach nur stolz die schönen Beine der Darstellerin zeigen, immerhin waren die beiden zur damaligen Zeit verheiratet.

VII
Tulove Grede, am Mount Winnetou

Seine von der Küste aus weithin sichtbaren Felsfinger, die sich knapp über 1100 Meter hinaufrecken, machen den Tulove Grede zu dem wohl malerischsten Massiv des Velebit-Gebirges. Am Rande des Mali-Alan-Passes gelegen, kamen in früheren Zeiten alle Reisenden und Händler an ihm vorbei, die vom Hinterland in die südlichen Küstenstädte strebten. Seit der Eröffnung des Sveti-Rok-Tunnels wagen sich nur noch ehrgeizige Radfahrer, Biker, Touristen und Einheimische, die keine Maut-Gebühren zahlen wollen, über die anstrengende und nicht überall gesicherte Passstraße. Wer von Norden kommt, durchfährt eine eher sanft ansteigende und vielfach von Bäumen gesäumte Schotterstrecke, die nur wenig aufregende Aussichten bietet. Oben angekommen aber ändern sich Landschaft und Klima schlagartig. Dem wuchernden Grün stehen nun kahle Karstfelsen entgegen, unterbrochen von sogenannten Poljen, Wiesen, die wie Inseln zwischen den Steinformationen liegen, und die kontinentalen Temperaturen weichen der warmen Brise der Adria, deren gelbes Sonnenlicht die Südseite bestrahlt. War das Gebirge von Norden her langsam, aber stetig angestiegen, so stürzt es jetzt steil hinunter und bietet bei klarer Sicht einen Ausblick bis weit über das Meer. Die Eröffnung des Autobahntunnels hat ihren Teil dazu beigetragen, um den Mali-Alan-Pass in einen heilsamen Schönheitsschlaf fallen zu lassen, der seine Wildheit und Romantik vor dem Zugriff der Zivilisation schützt.

Da ich von Süden kam, hatte ich die steilen Serpentinen zu nehmen, vor deren Gefahren überall gewarnt wurde. Nach wenigen Kilometern weicht der Asphalt dem Schotter, und von nun an geht es nur noch langsam vorwärts, da man nicht nur auf die zahlreichen Schlaglöcher zu achten hat, sondern auch von dem Steilhang eingeschüchtert wird, der wenige Meter neben einem tief hinuntergeht und nur mit einem an vielen Stellen unterbrochenem Mäuerchen gesichert wird. Es war eine alte Makadamstraße, wie man sie noch häufig in den ländlichen Gegenden Kroatiens finden kann, benannt nach dem schottischen Straßenbauer McAdam, der Anfang des 19. Jahrhunderts eine Fahrbahnbeschichtung entwickelt hatte, die sich über ganz Europa ausbreitete. Dabei wurden drei Lagen unterschiedlich großen Schotters übereinandergelegt, einzeln mit Wasser gebunden und gewalzt, sodass sich die Steine ineinander verkeilten, Wasser ablaufen konnte und sich ein ebenso festes wie anpassungsfähiges Pflaster bildete. Die Passstraße selbst war von Napoleon initiiert worden, eröffnet wurde sie schließlich 1832. Sicherlich hatte man sie im 20. Jahrhundert nachgebessert, denn die ursprüngliche Makadambeschichtung warf sehr viel Staub auf und eignete sich kaum für eine motorisierte Gesellschaft.

Wie mühsam und riskant muss es vor gut sechzig Jahren gewesen sein, Darsteller, Team, Kamerakran, Scheinwerfer und

Dutzende Pferde immer wieder hier hinauf zu karren? Pierre Brice berichtet von stundenlangen beschwerlichen Fahrten zu den Drehorten und jubiliert nicht ohne Nationalstolz, dass die Mercedes der Produktionsfirma auf den steinigen Routen manchmal kapitulieren mussten, während er bequem in seinem technisch revolutionären Citroën DS 21 saß, den er nach 1965 fuhr. Wie ein Schneckenzug kroch der Filmtross über den Schotter hinauf, die deutschen Fahrer nervös, von jeder Unebenheit durchgeschüttelt und an die Gefahren erinnert, auch die Jugoslawen hin und her geworfen, aber gleichgültig, weil daran gewöhnt. Mitten zwischen ihnen aber, ganz entspannt, Pierre Brice, versunken in den herrlichen Panorama-Ausblick durch die abgerundete Windschutzscheibe des DS, träumerisch seinen Gedanken hingegeben, während die hochmoderne Hydropneumatik des Wagens jedes Schlagloch abfängt. Er sitzt dort wie auf einem Sofa und amüsiert sich, wenn er die hin- und herwehenden Köpfe im Wagen vor sich sieht. Sorglos gleitet, besser noch: schwebt er dahin, ein Mythos in einem Mythos, Winnetou in der Präsidentenlimousine Charles de Gaulles, in einem futuristischen Design-UFO, zwei Darsteller in einem Bild, ist der DS doch der blecherne Protagonist des französischen Kinos in den 1960ern.

Auf nicht ganz halber Strecke erreiche ich an einer Biegung eine kleine Kapelle, auf der anderen Straßenseite stehen zwei Häuser, eines davon ohne Dach und Fenster, bis auf die Grundmauern zerfallen. Sollte es sich um das ehemalige Haus des kroatischen Straßenwärters handeln, von dem der Szenenbildner Vladimir Tadej in seinen Erinnerungen berichtet? Bei den Dreharbeiten hatte sich das Team mit dessen zwei kleinen Söhnen angefreundet, die dem Tross hinterherliefen, um Bonbons und andere Geschenke zu erhaschen. Dreißig Jahre später wurden beide im Krieg getötet. Aufgrund des Passes war das Gebiet um den Tulove Grede strategisch wichtig und wurde schwer umkämpft. Bis heute sind die Minen nicht vollständig geräumt worden, und an den Straßenrändern stehen verstreut rote Warnschilder mit einem Totenkopf, der einem jede Lust nimmt, die Hänge zu betreten. Damit sind auch verschiedene Drehorte weiterhin unzugänglich, darunter derjenige vom Totenbaum Klekih-petras. Natürlich gibt es diesen Baum sowieso nicht mehr, streng genommen hatte es ihn niemals gegeben, denn hier oben wuchsen kaum Bäume und die wenigen, die es gab, waren nicht hoch genug. Also hatte man weiter unten einen passenden Baum fällen und unversehrt in einer stundenlangen Fahrt hier hinaufbringen müssen. Umso imposanter ragt Klekih-petras blattloser und von Zweigen befreiter Grabbaum im Film aus der kargen Steinlandschaft hervor.

Nach einer weiteren Viertelstunde vorsichtigen Aufstiegs erreiche ich endlich das Gipfelplateau. Die Passstraße wird mehrere Hundert Meter lang von einer Windschutzmauer gesäumt, wo ich den Wagen abstelle. Die um den Tulove Grede verteilten Drehorte sind nur zu Fuß zu erreichen.

Auf der Außenseite der Mauer hängt eine Gedenktafel für Pierre Brice, angebracht von seiner Frau Hella, auf der Innenseite eine Collage aus Fotos der Dreharbeiten, daneben ein Kasten für ein Gipfelbuch. Als ich ihn öffne, blinkt mir eine Einhorn-Kladde in Schockrosa mit der Aufschrift «True Love» entgegen. Nachdem ich den ersten Schreck überwunden habe, begreife ich das Wortspiel mit Tulove und bin versöhnt mit dem humorvollen Geist, der es hierher befördert hatte. Ich blätterte darin herum, es war beinahe täglich jemand hier gewesen. Die Einträge teilten sich in zwei Gruppen, kroatische, ohne engen Bezug zu den Winnetou-Filmen, und deutschsprachige, deren Autoren ausschließlich wegen der Drehorte hier waren, um zu entdecken, dass es sich auch ohne diese Verbindung gelohnt hätte. Macht es gute Drehorte nicht aus, dass sie auch aus sich selbst heraus wirken? Und zugleich brauchte man das Kino, um sie zu finden. Wollte ich zu Beginn der Reise unbedingt ins Bild hineinkommen, so war diese Lust mittlerweile nebensächlich geworden. Die Bilder hatten sich stattdessen in Schlüssel zur Landschaft verwandelt und bahnten mir den Weg, ohne dass dabei mein Glück des Wiedererkennens geschmälert worden wäre.

Ich machte mich zunächst zur Gräberwiese auf, also zu der Stelle, wo einst die Steinhaufen gestanden hatten, in denen Intschu-tschuna und Nscho-tschi begraben worden waren. Dazu brauchte man nur gut hundert Meter über die Wiese hinter der Windschutzmauer zu gehen. Sie war auch deshalb schnell zu finden, weil Winnetou-Pilger hier zwei kleine Steinhaufen errichtet hatten, die sich nur wenige Meter hinter der Stelle befanden, wo einst die Filmgräber emporragten. Auch wenn der Himmel heute grau verhangen war, ein kalter Wind über den Gipfel zog und alles menschenleer und verlassen wirkte, war die Szenerie immer noch grandios und seit sechzig Jahren quasi unverändert. Im Hintergrund reckten sich die Glieder des Felsenkamms wie aneinandergerückte Hinkelsteine in die Höhe. Dennoch musste ich an ganz andere Grabtafeln denken. Sie befanden sich vorne am Plateau in einer Felsennische kurz vor dem Anfang der Mauer und erinnerten an junge Männer, die hier getötet worden waren. Es war merkwürdig, wirkliche und fantasierte Tote so nah beisammen liegen zu sehen. Waren die Fan-Gräber der beiden Indianerfiguren nicht ein Affront für das Leid der Angehörigen? Musste es sie nicht verletzen, dass es Menschen gab, die von weither kamen, um Toten Ehre zu erweisen, die nie gestorben waren, während sie selbst das unsagbare Leid eines unwiederbringlichen Verlusts mit sich trugen? War ich nicht selbst einer jener Filmpilger, der von dem Land Kroatien und seinen Menschen kaum etwas wusste, auch wenn er es seit Langem schon in Bildern bewohnte? Dabei hatte das damalige Jugoslawien durch die Jadran-Produktionsfirma einen bis heute unterschätzten Anteil am Gelingen der Winnetou-Filme. Im Grunde waren Bilder und Action den Szenenbildnern, Stuntmen und Location-Scouts – damals Motivsucher genannt – zu verdanken. Selbst wenn Regisseur Harald Reinl eine Fülle von Drehorten selbst gefunden haben will, hätte er niemals auf die Experten der jugoslawischen Landschaft verzichten können.

Der ehemalige Skisportler und an Bergfilmen geschulte Reinl fügte diesen Orten sein geniales Gespür für die dramatischen Möglichkeiten der Landschaft hinzu. Bereits in BERGKRISTALL, seinem ersten, noch in Schwarz-Weiß gedrehten Film, weisen die Perspektiven auf Wasserfälle, Felsen und Schluchten auf seine Winnetou-Filme voraus. Immer wieder hat man wohl daher behauptet, unter anderem auch Pierre Brice, dass Reinl die Karl-May-Filme wie «Heimatfilme» gedreht habe. Ich verstehe das nicht. Es stimmt zwar, dass es in dem exemplarischen Heimatfilm GRÜN IST DIE HEIDE ein Pferd namens Winnetou gibt, mehr Ähnlichkeiten kann ich aber nicht entdecken. Der Heimatfilm der Nachkriegszeit führt vieles fort, was konservative Denker schon seit dem 19. Jahrhundert umtrieb: Die Vorstellung, dass ein ländliches Leben für Leib und Seele gesünder sei als ein städtisches, dass die Deutschen ein «Waldvolk» seien und ihre Flora und Fauna zu behüten haben, und in dem überaus erfolgreichen FÖRSTER VOM SILBERWALD wird sogar der darwinistische Lebenskampf hochgehalten, weil, wie Jäger Hubert Gerold der hübschen Liesl erklärt, nur die Stärksten überleben. Aktuell wurde das Thema Heimat nach 1945 durch die zahlreichen Vertriebenen, die eben ihre Heimat verloren hatten und sich nun eine neue suchten. Aber was hatte das mit Winnetou zu tun? Nun lässt sich Brice' Kommentar allerdings auch so verstehen, dass es ihm allein um die Art und Weise ging, wie die Landschaft in Szene gesetzt wurde, ohne jede Rücksicht auf Inhalt und Themen. Doch auch hier bringe ich die beiden nicht zusammen. Zwar lustwandeln, streifen und jagen Förster und heiratsfähige junge Frauen durch Wald und Wiesen, die schöne Landschaft aber ist kaum mehr als eine flächige Kulisse, ein Naturpark oder ein zoologischer Garten wie im FÖRSTER VOM SILBERWALD mit seinen Dachsen, Auerhähnen, Adlern, Gämsen, Rotwild, Steinböcken und zur Krönung einem Bären. Die Figuren bleiben dabei brav auf den Wegen und beobachten sie mit dem Fernglas, denn im Vordergrund steht gar nicht das Naturerlebnis, sondern die Verpartnerung des Försters.

Ganz anders bei den Karl-May-Filmen. Hier herrscht eine echte physische Beziehung zur Landschaft: Winnetou klettert, reitet, rennt, schwimmt, taucht, springt, schleicht über den Boden, lehnt an Felsen und bahnt sich dort selbst die Wege, wo keine sind. Das sind keine Verdauungsspaziergänge, sondern Geländespiele mit Bodenhaftung. Ich bitte alle Zweifelnden, einmal folgendes Experiment zu machen: Zuerst schaue man sich wenigstens zwei Heimatfilme der 1950er hintereinander an und schiebe dann den SCHATZ IM SILBERSEE oder WINNETOU I hinterher. Dann wird jeder die unglaubliche Wohltat und Verjüngung nachspüren können, als 1962 nach über dreihundert Heimatfilmen mit heiratslustigen Jägern, zünftigen Trachtenburschen, kreizbraven Madeln und herzensguten Großvätern im 4:3-Bildformat auf einmal Lex Barker und Pierre Brice auf Breitwand über die kroatischen Ebenen ritten. Winnetou war nicht «Papas Kino».

Aber die hysterische Begeisterung, die aus den Karl-May-Filmen die erfolgreichsten Produktionen der 1960er-Jahre gemacht hat, lässt sich nicht allein aus diesem Reihenfolgeeffekt und den erwähnten Befindlichkeiten der 1960er-Jahre erklären. Dass die besten Titel auch heute noch das Auge erfreuen, liegt an den grandiosen Landschaftsaufnahmen. Man möge mich nicht missverstehen: Schöne Landschaften ergeben nicht zwangsweise schöne Bilder. Das zeigt der Vergleich mit dem weniger gelungenen OLD SHATTERHAND oder mit Filmen wie Lina Wertmüllers kuriosem Frauenwestern MEIN KÖRPER FÜR EIN POKERSPIEL, der teilweise an denselben Orten wie der SCHATZ IM SILBERSEE gedreht wurde. Wie lässt sich nun aber die magische Sogwirkung der kroatischen Landschaften in den schönsten Winnetou-Filmen erklären?

Dadurch, dass es Harald Reinl und seinem Kameramann Ernst W. Kalinke wie niemand anderem gelungen ist, den Bildern eine ungewohnte Tiefendimension zu verleihen: Durch Winnetou-typische Kameraschwenks: Da reitet oder schleicht in der Totalen jemand heran, hält inne und schaut in die Ferne, und die Kamera setzt diesen Blick fort, gleitet über die weite Landschaft und gleitet noch ein Stück weiter, als man es intuitiv erwartet, dehnt das Gelände aus, bis das Objektiv endlich jene anvisierte Ferne einfängt, aus der Reiter herankommen. Durch Rückenfiguren: Da stehen Winnetou und Old Shatterhand auf einem Abhang und schauen hinunter in ein Tal, aus dem sich Gefahren nähern, und die Kamera steht hinter ihnen, verfolgt ihren Blick, behält sie dabei aus Rückenansicht im Bild, und wir sehen zu, als stünden wir auch dort. Rückenfiguren kommen im Kino zwar häufig vor, weil sie helfen, den Raum zu definieren, den Zuschauer einzubinden, die dritte Dimension zu verstärken, Reinl aber beschränkt sich nicht darauf und führt den Apachen in WINNETOU III zu den Gräbern von Intschu-tschuna und Nscho-tschi, wo er Old Shatterhand mit dem Rücken zu ihm erblickt. Dann sehen wir Old Shatterhand, wie sein Blutsbruder ihn sieht: still und allein vor dem imposanten Tulove Grede, ein Mensch, fast verloren in der Landschaft, ein Bild in der Tradition von Caspar David Friedrichs Rückenfiguren, Romantik des 20. Jahrhunderts, nicht mehr im Harz oder in der Sächsischen Schweiz, sondern zeitgemäßer, internationaler, mit einem Schuss Tourismus. Ein neues Bild für alte Sehgewohnheiten.

Doch Reinl geht noch einen Schritt weiter: Nachdem die Blutsbrüder sich begrüßt haben, wendet sich Winnetou zum Felsmassiv, dreht dem Publikum den Rücken zu, Old Shatterhand folgt ihm, die Musik verstummt und das Rasseln der Zikaden wird hörbar. Die beiden gehen ein paar Schritte vor, während die Kamera hochfährt, bis nur noch die Karstfelsen mit ihren organischen Formen zu sehen sind. Dann zeigt man uns Winnetou und Old Shatterhand im Gegenschuss und wir betrachten, wie sie den Gipfel betrachten. Stille. Winnetou senkt den Kopf, und der Dialog beginnt. Hier sprechen die stummen Berge, werden lebendig, spielen mit, und zugleich weist die Szene auf das Ende voraus, denn dort oben wird es sein, wo einer der Banditen den tödlichen Schuss auf Winnetou abfeuert. Reinl verbindet den Tod Intschu-tschunas und Nscho-tschis mit demjenigen Winnetous, mehr noch, in dessen Schicksal verweist er zugleich auf

Klekih-petra, der sich vor ihn geworfen hatte, um ihm das Leben zu retten, so wie er sich schließlich vor seinen Bruder werfen wird. Diese Szene hier im Sekundentakt nachzuerzählen, war nötig, um zu zeigen, wie beeindruckend rhythmisch und zugleich vielschichtig Reinl zu erzählen vermochte.

Ich sah hinab auf die niedrigen Haufen aus Lesesteinen, die an die mannshohen Indianergräber erinnern sollten und sich in einer verstörenden Nähe zu den wirklichen Gräbern der Kriegsopfer befanden. Aber vielleicht war es abwegig, Wirklichkeit und Fantasie so gegeneinander abzuwägen. Denn schließlich hatte mich die Fantasie hierhergeführt, an Orte, die ich sonst nie gesehen hätte. Steckte im Kino nicht zuallererst etwas Verbindendes? Wies die so häufig erwähnte Vielsprachigkeit aus Deutsch, Englisch, Französisch und Kroatisch bei den Dreharbeiten der Winnetou-Filme nicht eben darauf hin, dass Menschen aus Ländern zusammenarbeiteten, die sich noch siebzehn Jahre zuvor in einem blutigen Krieg bekämpft hatten? Bildete das internationale Kino nicht ein so grundsätzliches globales Bindeglied, dass es kaum einem auffiel und man es für ganz normal hielt, dass man mit fast jedem Menschen auf der Welt irgendeinen Film teilte und sich darüber unterhalten konnte?

Es fiel mir schwer, mich von der Stelle zu lösen, dann setzte ich meinen Weg zum Nugget-tsil fort, dem Goldversteck der Apachen. Im Film liegt es scheinbar in einer Art Erdloch, visuell markiert durch einen Steinbogen dicht über dem Boden. Tatsächlich befindet man sich dort am Rande eines immensen Kraters, eines riesigen mit Felsspitzen gesäumten Loches in der Bergwelt, das dreißig Meter oder mehr steil hinabfällt. Die Szenen am Nugget-tsil wurden buchstäblich am Abgrund gedreht, ungesichert, bei realer Gefahr, auszurutschen und hinabzustürzen, und ich bin jedes Mal wieder beeindruckt, mit welch stoischer Miene die Darsteller dies hingenommen haben, am beeindruckendsten darunter die Szene aus WINNETOU I, als Santer nach dem Mord an dem Apachenhäuptling und seiner Tochter an einer jener Felsspitzen hängt. Auch wenn der Schauspieler

Mario Adorf mit einem Seil gesichert war, musste er Nerven bewahren, so über dem Tod zu schweben, ganz zu schweigen von Kameramann Kalinke, der ebenfalls nah am oder sogar über dem Abgrund arbeitete. Im Hintergrund sieht man die Apachen in den Krater hinabsteigen und Lanzen in den Boden rammen, von denen er bei seinem Sturz aufgespießt werden soll. Als ich etwas weiter am Krater entlanggehe, komme ich an eine Stelle, die sanfter abfällt und an der man mit einiger Vorsicht hinunterklettern könnte.

Was für ein Aufwand, eine Kamera dort hinunterzubringen! Und welch abenteuerliche Bedingungen, um von Abenteuern zu erzählen! Das größte Abenteuer darunter waren diese Filme selbst, echte Expeditionen, bei denen man wochenlang unter schweren Bedingungen auf Berge zog, in Canyons hinabstieg, in Schluchten einfuhr, um dort Darsteller und Statisten auf Pferde zu setzen, und Geschichten aus Bildern zusammenzubauen, ohne dass man bei aller Planung die Dinge wirklich im Griff hatte, sondern sich stets den landschaftlichen Bedingungen anpassen musste. Gerade darin aber war Reinl ein Meister gewesen, und das unabhängig von Jugoslawien und dem Winnetou-Stoff, denn auch in Spanien gelang es ihm, erneut mit Kameramann Kalinke, bei der Verfilmung des LETZTEN MOHIKANERS der Wüste von Tabernas und der Ciudad encantada de Cuenca einzigartige Bilder abzuringen, die den großartigen Einstellungen aus Leones Italowestern nicht nachstehen.

Ich ging am Krater entlang und schlug den Weg zum Felsmassiv ein. An dessen Nordseite reckt sich ein so phallisch aussehender Felsfinger empor, dass man ihn in Zeiten hysterischer Prüderie abgedeckt hätte. Sein Anblick lud zu vielfältigen Fantasien ein. Ich aber war ihm vor allem deshalb dankbar, weil er mir beste Dienste bei der Orientierung tat, von der gesamten Nordseite aus gut sichtbar war und wie kein anderer dabei half, die Kamerapositionen zu bestimmen.

Es ging steil hinauf, der Wind blies und mir bangte bei dem Gedanken, es könnte die Bora mit einem Schlag über den Hang hinwegfegen und mich mit sich reißen. Ich befand mich allerdings südlich vom Krater, sodass ich im Falle einer kräftigen Bö von ihm hätte weggerissen werden müssen, was mich ein wenig beruhigte. Anstatt den Gipfel zu erklimmen, umging ich ihn und betrachtete die Felsformationen und Steinfelder um mich herum, die durch Minenwarnungen abgesperrt waren. Oben angekommen wehte ein so scharfer Wind, dass ich nach kurzer Zeit wieder umkehrte. Das Gebiet hier oben war viel zu unzugänglich, als dass ein Filmteam sich die Mühe gemacht hätte hinaufzusteigen. Die Drehorte lagen weiter unten, auch die mythische Stelle, an der Winnetou erschossen wurde. Ich ging den Weg während einer halben Stunde also wieder hinab bis zur Windschutzmauer, um von dort auf die andere Seite des Massivs zu gelangen, wo sich mehrere von Felsen umschlossene Grünflächen befinden, die natürliche Arenen bilden und als Motiv für den Showdown in mehreren Filmen genutzt wurden.

Aus dem ersten Abschnitt ragt ein schräg stehender Felsbrocken hervor, an dem ein Wanderweg vorbeiführt. Unter ihm hockt Stewart Granger als Old Surehand in UNTER GEIERN und schmaucht eine Zigarre, während er die Geierbande belauscht, die unweit davon lagert. Die Grünflächen sind Spielwiesen, Traumorte von Kindern und Jugendlichen, die wie ich aus dem flachen Norden kommen und auf weicher Muttererde aufgewachsen sind, wo jeder Findling ein Felsenereignis darstellte, jeder Hügel zum Berg heranwuchs und Harz oder Externsteine der monotonen Fläche wie Almosen hingeworfen worden waren. Welche Räuber-und-Gendarm-Partien hätte man hier spielen können! Morgens hingebracht, abends abgeholt, aber man hätte uns kaum wiedererkannt, völlig erschöpft, dehydriert und dennoch nur mit Widerstand ins Auto zu bekommen. Denn wir wären am liebsten ewig an diesem Traumort geblieben. Und jetzt stolperte ich über die Steinwälle dahin, welche die Arenen voneinander abtrennten. Ich musste über sie hinaus, weil hinter ihnen der magischste, der traumatischste, der heiligste Ort der Winnetou-Filme liegt: die Sterbestelle. Nach mehreren mühsamen Versuchen, mir selbst einen Weg durch Felsen und Sträucher zu bahnen, kam ich schließlich auf den Wanderweg zurück und folgte ihm gehorsam.

Nach etwa zwanzig Minuten erreichte ich unter dem Südhang des Massivs eine flache Wiese, von der Sonne gelb verbrannt, hie und da mit kleineren Steinen garniert und in der Mitte von einem größeren Felsen durchbrochen, den sie wie zwei Fußballfelder umschloss. Es war die große Freilichtbühne des Finales aus WINNETOU III. Über die Wiese kamen die Banditen und die mit ihnen verbündeten Jicarillas herangeritten, während Winnetou, Old Shatterhand, Sam Hawkens und die Apachen sich am Südhang zwischen den Felsen verschanzt hatten, vor dem Hintergrund der pittoresken Fingerfelsen weiter oben. In meinem fiebrigen Zustand beginne ich einfach irgendwo mit dem Aufstieg des Südhangs, muss aber bald einsehen, dass es unmöglich ist, und kehre demütig zum Weg zurück. Der Aufstieg ist mitunter steil, mit kleinen Kletterpartien verbunden, anstrengend, aber das kümmert mich alles nicht. Meine einzige Sorge besteht darin, an der Sterbestelle einfach vorbeizugehen oder dass sie komplett zugewachsen sein könnte. Mein Erkennungsmerkmal ist eine markante ovale Einbuchtung in einem Felsen, unter dem die drei Gefährten im Film zu sehen sind.

Dann bin ich da. Plötzlich. Plötzlich bin ich da. Ganz banal. Unpassend. Vielleicht sollte ich wieder hinuntersteigen und noch einmal hochklettern, um den Augenblick feiern zu können. Ich stehe auf einer schmalen Freifläche, oberhalb von mir der Fels mit dem ovalen Zeichen, unter mir die Wiese. Rechts von mir, nur wenige Meter weiter, die hüfthohen Steine, an die der Schurke Rollins sich herangeschlichen hatte, um den tödlichen Schuss abzufeuern, gerade in dem Moment, als die Soldaten heranstürmten, um Hilfe zu bringen. Im Film sah all das viel größer aus. Vielleicht lag dies auch daran, dass Reinl zwischen den Parteien einen kahlen Baumstamm hinlegen ließ, der die drei Helden abschirmt und in der kurzen Nahaufnahme, in der Winnetou Rollins entdeckt, wie ein Repoussoir wirkt. Aber vor allem stellt der Baum wieder einen physischen Bezug zwischen Winnetou und der Natur her. Nicht nur, weil er sich, als er zusammenbricht, kurz darauf abstützt, vor allem aber weil der Baum sein Totenbett wird. Verbunden ist der Apache auch mit seinem Rappen Iltschi, der noch einmal herantrabt und mit einem Wiehern Abschied nimmt, während sein Bruder ihn stützt. Es ist eine der wenigen Szenen, in denen Old Shatterhand, der häufig eine beobachtende Perspektive einnimmt und physisch vor allem mit den Fäusten kommuniziert, spürbar körperlichen Kontakt zu Winnetou hat, und zwar als er ihn sanft am Hinterkopf fasst, um ihn auf den Baumstamm zurückzulegen. Als Winnetou sich dann noch einmal aufrafft und in seinen Armen verstirbt, sackt der Apache in sich zusammen und lehnt den Kopf an die Brust Old Shatterhands. Wieder geht der Kontakt somit von Winnetou aus; ist Old Shatterhand bei May ein rational gesteuerter Ich-Superheld, um den sich alle Gedanken und Wahrnehmungen drehen, so bildet Winnetou das Herz der Filme, und es ist Brice gelungen, Männlichkeit mit Schönheit, Wärme, Sanftmut und Naturverbundenheit zu vereinen und so einen neuen Typus zu erschaffen. Kein Wunder, dass er sich nie wieder von dieser Rolle lösen konnte.

Wenn Winnetou im Film einen Opfertod stirbt, weil er sich vor seinen Blutsbruder wirft, um die Kugel mit der Brust abzufangen, so inszeniert May dessen Tod völlig anders. Bei Reinl stirbt Winnetou als Pazifist, waren die Apachen doch dem blutigen Kampf gegen die verfeindeten Jicarillas und der Bande um Rollins bis zum letzten Moment ausgewichen. Im Roman hingegen wird Winnetou bei einem nächtlichen Angriff auf eine Höhle, aus der weiße Siedler befreit werden sollen, von einer Kugel in die Lunge getroffen. Sein Mörder ist kein Bleichgesicht, kein Länderdieb, sondern ein nicht genannter Krieger der Ogellallahs. Winnetou stirbt weder als Opfer, noch von der Hand eines Schurken wie sein Vater oder seine Schwester, er stirbt, um sein Schicksal zu erfüllen: als Symbol der sterbenden roten Nation, die «nicht groß werden durfte», wie May es formuliert, er stirbt, um seine Todesahnungen zu bestätigen, aber vor allem stirbt er, um «ein Christ» zu werden, so seine letzten Worte. Nachdem Winnetou noch einmal dem *Ave Maria* aus der Feder seines Bruders Scharlih lauschte, lässt er seine indianische Welt aus Krieg und Rache hinter sich und wendet sich Liebe und Vergebung als höchsten Werten zu. Winnetou wird nicht in die ewigen Jagdgründe einkehren, um sich von seinen Feinden bedienen zu lassen, sondern ins Himmlische Jerusalem. Diese transzendente Ebene klingt auch im Film in den Glocken von Santa Fe an, die Winnetou sterbend noch einmal hört, vor allem aber im Schlussbild, als der Leichenzug im Gegenlicht der roten Abendsonne entgegenstrebt, am Ufer der Adria, das die linke Bildhälfte bedeckt.

Der Tod Winnetous bleibt weitgehend an Old Shatterhands Perspektive gebunden, und dies in der für mich als Kind bewegendsten Szene aller Winnetou-Filme. Wir sehen Shatterhand in Großaufnahme am Lager seines sterbenden Freundes, das Bild hat kaum Schärfentiefe, verschwimmt dann in Wellen und wird überblendet von Schlaglichtern der Filmerinnerungen: Die Blutsbrüderschaft, die Befreiung Winnetous aus den Händen der Kiowas, der Unterarmedruck, als Winnetou seinen Bruder mit den Osagen rettet, Winnetou an der Seite Ribannas, Old Shatterhands Gefangenschaft bei den Apachen, Ribanna in der Höhle, die Brüder am Marterpfahl der Jicarillas, dann überqueren sie im Kanu den Silbersee, Nscho-tschi stirbt nochmals in den Armen Shatterhands, schließlich ein letzter Unterarmedruck, nachdem sein weißer Bruder Winnetou in den Bergen vor den Banditen gerettet hat, und das Bild verschwimmt wieder und kehrt zur Großaufnahme Shatterhands zurück.

Als Kind wusste ich nicht, dass es sich dabei um eine sogenannte Montagesequenz handelt, in der Dialoge und narrativer Zusammenhang vorübergehend ausgesetzt und die sprunghaft wechselnden Schauplätze und Situationen nur durch Musik zusammengehalten werden, meistens in der Absicht, Zeiträume zu verdichten oder dem Zuschauer eine Pause zu gönnen. Beliebt sind Montagesequenzen in Liebesfilmen, wenn es darum geht, Glücksmomente zu bündeln, ein rein visuelles und musikalisches Glück fernab des Sprachlichen, Begrifflichen, Intellektuellen. Auch was Old Shatterhand hier fühlt, kann nur durch Bilder, nicht durch Worte vermittelt werden. Umklammert wird die Sequenz von der Blutsbrüderschaft und dem letzten Unterarmedruck aus WINNETOU III als deren symbolischer Bestätigung. Die Bilder dazwischen verlaufen wie der Erinnerungsprozess gegen jede Chronologie und rufen starke Momente ab, sogar Momente, bei denen Old Shatterhand überhaupt nicht anwesend war und die verdeutlichen, dass es auch um die Erinnerungen des Zuschauers geht. Es ist ein Moment geteilter Erinnerung, der Einfühlung in Old Shatterhand und der eigenen Erinnerung an die älteren Filme, ein Moment der größten Verschmelzung des Publikums mit der Figur. Vor allem ist es ein Moment des Abschieds, Old Shatterhand nimmt Abschied, die Zuschauer nehmen Abschied. Wir trauern, Old Shatterhand trauert. Das sich in Wellen auflösende Bild gemahnt an seinen von Tränen verschwommenen Blick, wirklich weinen aber darf er im Film nicht. Bei Karl May schon. Da weint er zwei Mal in WINNETOU III: als er mitten im Wilden Westen eine Gruppe Siedler das von ihm komponierte Ave Maria singen hört und als Winnetou seinen Tod genau voraussagt und nicht an seiner Vorahnung zweifeln will. Was man aber lesen darf, darf man deshalb noch lange nicht sehen. Lex Barkers monumentale Männlichkeit darf nicht von Tränen aufgebrochen werden. Gefasst zu sein heißt auch, geschlossen zu bleiben, eine Ikone zu sein heißt auch, zu Stein zu werden, sein Innenleben darf erahnbar, aber nicht physisch materialisiert werden. Das Verschwimmen des Bildes, das Wasser, an dem sie im Schlussbild entlangreiten, sorgen schon dafür, dass es keine trockene Trauer wird.

Als Kind hinterfragte ich diese Sequenz natürlich nicht, ich kannte noch nicht einmal das Wort Sequenz und hätte «Stelle» dazu gesagt, und diese Stelle wirkte auf mich wie eine Naturgewalt. Jetzt erlebte ich sie neu, und zwar an eben der Stelle, an der sie gedreht wurde und nun, so schien es mir, begriff ich plötzlich alles. Ich sackte in mich zusammen, als hätte man mir eine schwerwiegende Erkenntnis auf die Schultern gelegt. Jetzt verstand ich, warum ich die Winnetou-Filme niemals als Western ansehen konnte, warum sie eine eigene Kategorie bildeten, ein eigenes Genre, ja warum ich sie noch nicht einmal als wirkliche Filme hatte ansehen können, warum ich seit meiner Kindheit nie von diesen Bildern und dieser Musik loskommen konnte, warum sie solche Kraft zu spenden vermochten, warum ich immer wieder versucht hatte, ein Teil davon zu werden, so wie jetzt in diesem Augenblick an der Sterbestelle, auf dem Höhepunkt meiner Pilgerreise, allein auf dem Tulove Grede, im kalten Wind, eingemummt in Jacke und Schal.

Solchen Sog entwickeln sonst nur Religionen, Winnetou war aber keine Religion. Es gab nur Pilger, keine Priester, keine Regeln, keine Dogmen, der Winnetou-Komplex war etwas Vorreligiöses, Naives und eben deshalb rein und unbelastet. Er war ein Mythos. Das sagt sich schnell und war schon hundert Mal wiederholt worden. Winnetou war ein Mythos. Jetzt aber begriff ich, was eigentlich darunter zu verstehen war. Hatte ich einen Mythos bisher bloß als Götter- und Heldengeschichte verstanden, so wurde mir jetzt klar, dass dies nur eine fahle Floskel und dass mein intuitives Verständnis viel tiefer gewesen war, indem ich in diesem Mythos zu leben versucht hatte. Darin lagen die Antworten auf eine Reihe von Fragen: warum es mich nie gestört hatte, dass die Geschichte von Winnetou und Old Shatterhand im Buch, im Film oder im Hörspiel immer etwas anders erzählt wurde, warum es mir gleich gewesen war, dass die beiden im SCHATZ IM SILBERSEE andere Synchronstimmen hatten als in späteren Titeln, während ich es unerträglich fand, als Captain Kirk in STAR TREK III – AUF DER SUCHE NACH MR. SPOCK plötzlich die Stimme wechselte, warum ich Religiöses immer als langweilig empfunden hatte und mir Winnetou und Old Shatterhand mehr Lebensfreude geschenkt hatten als jeder Heilige der Kirche. Religion hatte ich immer nur als Zwang, als Gesetz von außen erlebt, an dem kein Jota verändert werden durfte, als starre Rituale, als feste, aber für mich leere Floskeln und immer dieselben Lieder. Ein Captain Kirk wiederum bildete das andere Extrem, nämlich den kommerziellen Serienhelden, einen ironisch witzigen Anführer, eine Kunstfigur patentierter TV-Spannung, effizient unterhaltsam, unernst und ernst zugleich.

Winnetou und Old Shatterhand waren weder das eine noch das andere, standen zwischen Religion und Unterhaltung. Als mythische Helden waren sie formbarer als die religiösen, waren nicht kodifiziert, lebten aus ihrer Beweglichkeit, ihren Varianten, solange nur ihr Kern erhalten blieb, und dieser Kern war die Sehnsucht nach Freundschaft und Güte, nach interkultureller Verbrüderung, waren Zivilisationsflucht oder «Prairiekrankheit», wie Karl May es nannte. Entscheidend aber war, wie sie mit dem Tod umgingen. Die Religion negierte ihn, um Hoffnung zu spenden. Jesus starb nur, um wiederaufzuerstehen und davon zu künden, dass der Tod ein Anfang und kein Ende sei. Die Unterhaltungsformate wiederum leugneten den Tod, indem sie von ewiger Jugend erzählten, mit immer frischen, immer jungen, immer witzigen Captain Kirks oder dem Heer der Fantasy-Superhelden, dazu verdammt, so lange zu leben, wie sie Geld einfahren. Sterben, das war etwas für die anderen, die Nebenfiguren, die Bösen und die Hässlichen. Der Mythos aber sah Tod und Trennung ins Auge. In den Toden der Heroen, von Nscho-tschi bis Winnetou, zeigt der Mythos unsere Zerbrechlichkeit, Abschiede ohne Versprechungen, unausgesprochen endgültig.

Mit der Religion teilte sich der Mythos den Ernst, aber er erstarrte nicht in Pflicht und Form, und mit der Unterhaltung teilte er sich die Leichtigkeit, ohne seinen Ernst zu verlieren, ohne dass seine Bedeutsamkeit in Witz, Ironie und Intelligenz zerbröselte. Lebte die Religion aus der Spannung zwischen Angst und Hoffnung, so bot Unterhaltung Entspannung aus Angstlust und Erleichterung. Der Mythos aber lud zum Leben ein. Und Leben hieß in der Kindheit Spielen. Wir spielten Winnetou und Old Shatterhand, niemand spielte Jesus Christus oder einen Heiligen. Gewiss spielten wir Frömmigkeit vor, um den Anforderungen der Eltern, der Kindergärtnerinnen, der Geistlichen und der Religionslehrer zu genügen. Wir waren Heuchler aus Pflichtgefühl. Der Mythos aber gehörte uns Kindern, war frei gewählt und frei bespielbar, anpassbar an jede Landschaft, jede Gruppe, jede Situation, und auch entlastet von Intelligenz oder Satire. Karl Mays Old Shatterhand war gewiss ein brillanter Kopf, dessen detektivischer Scharfsinn alle außer Winnetou in den Schatten stellte, aber diese Intelligenz war nur ein Plädoyer für Bildung, bildete nur eine Hülle um den mythischen Kern. Winnetou und Old Shatterhand waren Erwachsene, aber keine väterlichen Helden, sie schufen kein Gesetz, sie hatten keinen Beruf wie Captain Kirk, sie zogen allein in der Wildnis umher, trafen sich, trennten sich, hin und her geworfen wie Treibgut im grünen Meer der Wälder. Weil alles offen und spielerisch blieb, strahlte der Mythos Lebensfreude aus, selbst das Jenseits verortete er im Diesseits, zumindest in der Klassik, denn ein Orpheus konnte in die Unterwelt einfach hinabsteigen.

Zeichnen sich Mythen somit durch ihre Mehrdeutigkeit und Beweglichkeit aus, so liegt eben darin auch die Grenze ihrer Neuinterpretationen. Jede Festlegung, jede Vereindeutigung höhlt den Mythos aus, schwächt die Faszination des Mysteriösen und Fremden. Genau daran war die RTL-Verfilmung von 2016 gescheitert, die politisch korrekt vorging und eben alles richtig machen wollte. Aber gute Absichten machen weder die Welt zwangsweise besser, noch führen sie auf direktem Weg zu künstlerisch Wertvollem. Die Guten durften jetzt nicht mehr einfach gut sein und die Bösen nicht einfach böse. Gute und böse Kräfte an sich gab es überhaupt nicht mehr, es gab nur noch gute und böse Gründe: Wenn jemand böse war, dann nur, weil man ihm selbst Böses angetan hatte, weil er ein Opfer war, traumatisiert durch einen Verlust, traumatisiert von einem brutalen Vater... Dem Realismus-Gebot fiel sogar Old Shatterhands mysteriöser Super-Faustschlag zum Opfer, der dadurch geerdet wird, dass er ihn im Boxverein «Saxonia 1860» gelernt hat. Mythische Figuren hingegen brauchen weder Psychologie noch Gründe, genauso wenig wie die Naturkräfte, die sie einst vermenschlichten. Sie sind einfach das, was sie sind, ohne «Denn und Weil». Harald Reinl wurde einst als naiver Regisseur beschimpft oder noch perfider als Meister des naiven Films gelobt. Wer so etwas sagt, macht den Realismus zum Maß aller Dinge und erklärt alle Mythen von Homer bis Harry Potter zum Abfall der Kulturgeschichte. Realismus kann jedoch niemals ein Werturteil, sondern immer nur ein Darstellungsmodus sein. Es ist kein Zufall, dass die RTL-Version viele Analogien zu den DDR-Western aufweist, die Mitte der 1960er-Jahre ideologisch korrekt auf die Winnetou-Welle antworteten. In beiden kommandiert die Zensur der guten Absichten und untersagt jedes mysteriöse Glimmen, jede noch so kleine Flamme des Widerständigen, Unkontrollierbaren oder Irrationalen, an denen Träume sich entzünden können. Die Winnetou-Filme der 1960er waren gewiss nicht realistisch und doch spiegelten sie wie keine anderen die emotionale Wirklichkeit ihrer Zeit wider.

Aufgrund ihrer mythischen Überformung konnte ich Brice und Barker auch nie als Schauspieler wahrnehmen. Gewiss lag es bei Brice auch daran, dass er vor Winnetou keine prägende Rolle übernommen hatte und sich danach nie mehr davon befreien konnte. Barker war Tarzan gewesen, jedoch nicht aus dem Schatten von Johnny Weissmüller getreten, ganz zu schweigen davon, dass ich seine Filme nicht gesehen hatte. Das waren ideale Bedingungen, um Darsteller und Rolle miteinander zu verschmelzen, reicht jedoch nicht aus, um die Vollkommenheit dieser Verschmelzung zu erklären, die bei Brice/Winnetou und Barker/Shatterhand mit keiner anderen Darsteller-Rolle-Münze vergleichbar war. Denn sie waren nicht unterscheidbar, Brice war Winnetou, Barker Old Shatterhand und umgekehrt. Unglaubwürdig war es vielmehr, sie in anderen Rollen zu sehen. Als ich Jahre später Fellinis LA DOLCE VITA und darin zu meiner Überraschung Barker als alkoholisiert lallenden und lächerlich bebrillten Verlobten von Anita Ekberg wiedersah, schien Old Shatterhand unter die Schauspieler gegangen zu sein. Was Illusion bilden sollte, wurde zu einem Cameo-Auftritt, aber nicht einer Person, sondern einer Figur. Nicht Barker spielte eine andere Rolle, Old Shatterhand erschien im Smoking wie in einem Karnevalskostüm. Das war Scherz, Parodie ohne tiefere Bedeutung, das degradierte LA DOLCE VITA zu einem Machwerk, zu nichts weiter als einem Film.

Die Synchronstimmen wiederum machten diese Verschmelzung hörbar. Ab WINNETOU I sprachen Gert Günther Hoffmann Old Shatterhand und Christian Wolff Winnetou. An GG Hoffmann, wie man ihn nannte und der nicht von ungefähr einer der beliebtesten Sprecher seiner Zeit war, lässt sich zeigen, wie genau die Stimme an die Figur angepasst wurde. Zufälligerweise sprach er auch den oben genannten Captain Kirk, interpretierte ihn jedoch völlig anders. Seine Stimme ist zwar wiedererkennbar, aber merklich verändert: Als Kirk spricht er weicher, nasaler, tiefer und mit einer Gelassenheit, die gut zu dessen Ironie und Professionalität passt, aber mit Old Shatterhands weihevoller Art und repräsentativer Erscheinung brechen würde, die jedem Auftritt etwas Monumentales verleiht. Seine Stimme klingt dementsprechend voller, härter und manchmal leicht kratzig. Winnetous Stimme wiederum war komplementär dazu angelegt: weicher, sanfter, leiser und etwas höher.

Brice und Barker waren somit nicht nur mit ihren Rollen verschweißt, sondern auch miteinander. Das führte 1965, mitten in der Karl-May-Welle, zu ironisch-spielerischen Spitzen, als beide in dem deutsch-spanischen Western DIE HÖLLE VON MANITOBA als Revolverhelden auftraten. Konnten andere Kostüme – Barker trägt Bluejeans, Brice ein grünes Hemd und einen schwarzen Hut – sowie eine härtere Gangart und ein lässiger Ton einen vergessen lassen, dass sie eigentlich Blutsbrüder waren?

Zum großen Finale des Films wird bei einem Bürgerfest ein öffentliches Duell um Leben und Tod veranstaltet. Hunderte sind gekommen, um sich die mörderische Unterhaltungsshow anzusehen, und stehen Spalier, als die Kontrahenten aufeinander zuschreiten. Nach einer Kurve stehen sie sich endlich gegenüber und können einander in die Augen sehen. Die beiden erstarren. Natürlich: Es sind Brice und Barker. Sie zögern. So lange, bis die Menge nervös wird und sie anfeuert, endlich loszuknallen. Dürfen Blutsbrüder aber aufeinander schießen, selbst wenn sie sich in anderen Rollen wiederfinden? Ihre angespannten Gesichter werden in Nahaufnahmen gegeneinander geschnitten. Die Spannung wird unerträglich. Dann platzt Brice los, jetzt kann auch Barker sich nicht mehr zurückhalten und beide brechen vor der empörten Menge in ein homerisches Gelächter aus. Nein, Blutsbrüder dürfen nicht aufeinander schießen, in welcher Rolle auch immer. Schließlich verabschieden sich die beiden. «Sehen wir uns wieder?», fragt Brice. – «Wir sehen uns wieder», antwortet Barker. Übersetzt heißt das: «Mein Bruder!»

Diese mythische Verschmelzung ergab sich nicht aus dem Schauspiel, sondern aus der monumentalen Schönheit der Darsteller in und vor der kroatischen Landschaft. Dialoge wurden Nebensache, Posen traten in den Vordergrund, meißelten ihren Anblick in den Kalkstein der Karstgebirge und verurteilten jede Neuverfilmung auf hundert Jahre oder länger zum Scheitern. Die beiden waren Statuen in Bewegung. Mussten Jesus und Maria zur Statue erstarren, damit man vor ihnen niederknien konnte, so durften meine mythischen Helden hingegen nicht rasten. «Nun sehen wir sie endlich von Angesicht zu Angesicht», mit diesen Worten wurden Winnetou und Old Shatterhand 1962 dem Publikum vorgestellt. Und was sah man? Zwei schöne Männer, die über eine Ebene im Hinterland von Rijeka ritten. Dennoch lag die eigentliche Botschaft nicht in ihrer Schönheit, ihre Schönheit war uns kein Vorbild, sondern half bei der Vermittlung dessen, was sie auszeichnete: die aufmerksamen ernsten Blicke nach links und rechts, Blicke ständiger Anspannung in Erwartung möglicher Gefahren, Blicke auf der Suche nach Aufgaben, die für mich als Kind nichts anderes bedeuteten als Blicke auf der Suche nach neuen Spielanlässen.

Jetzt saß ich am Tulove Grede und blickte auf eine mythische Spielwiese meiner Kindheit hinab. War das ganze Massiv für mich eigentlich etwas anderes als ein großer Spielplatz? Warum war ich mit fünfzig Jahren hierhergekommen, um von Spielen zu träumen, die ich nicht mehr spielen würde? War es Nostalgie, Unreife, Dauertrotz gegen das Erwachsenwerden? Die Antwort sollte später noch kommen. In jenem Moment sah ich nur, dass andere durchaus die Mythen ihrer Kindheit überwunden hatten. Mein Cousin Bernd, über zehn Jahre älter als ich, hatte wenige der Filme noch im Kino sehen können, hatte Ausschneidebilder der Filme gesammelt, sorgfältig in ein Album geklebt, mit Schönschrift kommentiert, hatte *Bravo*-Artikel gesammelt und daraus ganze Pressemappen erstellt, hatte Hörspiele besessen, damals noch auf sechs Singles, sechs Mal DER SCHATZ IM SILBERSEE in der Fassung von Uwe Storjohann aus dem Jahre 1964. Irgendwann hatte er mir alles überlassen, und die Kladden und die knisternden Platten wanderten in meine verschließbare Schublade, meinen Panzerschrank. Elektrisiert von den Geschenken wunderte ich mich zugleich darüber, dass er seine Reichtümer einfach so hergab. Erst später wurde mir bewusst warum. Als in den 1980er-Jahren die Filme im Fernsehen wiederholt wurden, war dies für mich eine festliche Zeit, über die ich mit allen und jedem sprach, auch mit meiner Tante. Sie erzählte mir, dass auch Bernd wieder «Winnitou» geguckt habe. Sie sagte «Winnitou», und das klang wie Winnie Pooh. Der Unterschied zwischen e und i war derjenige zwischen Ernst und Unernst, zwischen Achtung und Spott, zwischen Würde und Lächerlichkeit, zwischen Mythos und Parodie. Dennoch lächelte ich und nickte, damit sie mehr davon berichtete. Er habe auch seine Freunde eingeladen, fuhr sie fort, sie hätten allesamt im Wohnzimmer gesessen und einen Heidenspaß gehabt. Ich stockte. Einen Heidenspaß? Das passte doch gar nicht zu Winnetou. Das sagte ich zwar nicht, aber meine Tante musste es mir angesehen haben, denn sie insistierte, dass sie schallend gelacht hätten, und jedes Mal, wenn Winnetou und Old Shatterhand sich begrüßten, aufgestanden seien, mit dem rechten Zeige- und Mittelfinger von der linken Schulter aus einen Kreis in der Luft beschrieben und dabei im Chor «Mein Bruder» gerufen hätten.

Das saß. Mein Cousin hatte sich von Winnetou emanzipiert wie von einer Begleiterscheinung der Kindheit, die man durchlief wie Stimmbruch und Akne, und hatte sich in einem ironischen Ritual, in einem kollektiven Akt gemeinsam mit seinen ehemaligen Fan-Kameraden davon verabschiedet, Winnetou und Old Shatterhand in die Ebenen der Parodie gejagt.

Damals war ich noch ein Kind, mein Cousin deutlich älter als ich. Vielleicht würde es mir ähnlich ergehen. Aber dies geschah nicht. Auch als Jugendlicher und junger Erwachsener hielt ich daran fest, was sich am deutlichsten in einer Szene zeigte, die sich abspielte, als ich 18 Jahre alt war. Damals standen ein Fernseher und ein Videoapparat in meinem Zimmer, was ungewöhnlich war und dafür sorgte, dass ich ständig Besuch bekam. Manchmal brachten auch Freunde Filme mit, die sie von Nachbarn oder Bekannten ausgeliehen hatten, um sie dann gemeinsam mit mir zu schauen. Eines Abends kam Shake von gegenüber mit einer Aufnahme von WINNETOU III zu mir. Shake war ein zugezogener Schwabe, eigentlich hieß er Frank, aber unter Mitschülern wurde kaum jemand mit seinem Namen angesprochen. Wie bei den Indianern erhielt man einen neuen, meistens Verballhornungen der Familiennamen oder Ableitungen von den Vorlieben, vor allem aber von den Fettnäpfchen, in die man getreten war. Es waren eigentlich Spottnamen, die wir aber mit Stolz trugen, denn noch schlimmer war es, keinen zu haben. Ich hatte meinen aufgrund eines banalen Versprechers erhalten, und Shake hieß Shake, weil er einmal eine Platte von Shakin' Stevens dabeigehabt hatte, der musikalisch von uns nicht ernst genommen wurde. Er kam also mit der Videokassette zu mir. Ich war nicht allein, auch Thorsten war da. Er hatte zwar keinen Spitznamen, dafür sprachen wir aber seinen Vornamen englisch, also mit «th» aus. Wir legten die Kassette ein und schauten den Film. Die Sterbeszene tat ihre übliche melancholisch-nostalgische Wirkung, allerdings war ich etwas verunsichert, da ich mir vor den anderen keine Blöße geben wollte. Thorsten war der erste, der das Wort ergriff. Er stand auf und machte seinem Unmut Luft, denn er hielt das alles für Quatsch und Unsinn. Ich war mittlerweile rechtlich gesehen schon erwachsen, aber Winnetou und Old Shatterhand wollte ich nicht einfach unter *peer pressure* verraten, schon gar nicht, wenn jemand mit solchen Kraftausdrücken auf sie schoss. Ich verzog daher keine Miene und starrte ernst vor mich hin. Auch Shake sagte nichts. Thorsten verunsicherte das und suchte mit einem «oder etwa nicht?» unsere Bestätigung. Aber sie kam nicht. Shake und ich saßen weiterhin schweigend und regungslos auf dem Bett und starrten in die Luft. «Was is' jetzt?», bohrte Thorsten nach und fiel dabei wieder in seinen provokativen Ton zurück. Daraufhin hoben Shake und ich den Kopf und schauten ihn ernst an. Unsere Blicke hielten seinem stand, und da wir ihn immer noch ausdruckslos anstarrten, wurde Thorsten wieder unsicher, zugleich aber auch wütend. «Was soll das denn jetzt? Habt ihr sie nicht mehr alle?», platzte es aus ihm heraus. Wir aber starrten ihn unverändert an, verzogen keine Miene, standhaft wie eine Phalanx der Trauer, gegen die er sich nicht zu helfen wusste. Er zuckte verächtlich mit den Schultern, griff nach der Türklinke, rief beim Hinausgehen «ihr seid doch bescheuert» und knallte die Tür hinter sich zu. Wir hörten, wie er die Treppe hinuntereilte. Dann schlug auch die Haustür. Jetzt erst sahen wir uns an, unsere Gesichtsmuskeln zuckten, wir verstanden uns wie Blutsbrüder ohne jedes Wort, dann brachen wir in heftiges Lachen aus. «Thorsten, du Hans!», resümierte Shake, wobei «Hans» von uns in der Bedeutung von Witzfigur verwendet wurde und damals die Wörter «Fuzzi» und «Wurst» abgelöst hatte.

Es war an der Zeit weiterzugehen. Ich beschloss, bis zu den Fingerfelsen hinaufzuklettern, um auf der anderen Seite des Massivs am Krater entlang wieder abzusteigen. Denn oberhalb der Sterbestelle waren kurze Einstellungen der Verfolgungsjagd gedreht worden, bei der Winnetou vor den Banditen flüchtet und schließlich von Old Shatterhand gerettet wird. Man muss dort oben gewesen sein, um nachzuempfinden, welchen Aufwand das Filmteam betrieben hat, um die Szenen aufzunehmen. Je höher ich kam, desto kühler wurde es und desto heftiger blies der Wind, so stark, dass ich mich nach vorn beugte, auch um den tosenden Lärm zu mindern, mit dem die Windschläge an meine Ohren hämmerten. Es war ein beschwerlicher Aufstieg, bis ich den Kamm erreichte und auf der anderen Seite wieder hinabgehen konnte.

Als ich mich der Windschutzmauer näherte, erblickte ich dort zwei Transporter und um sie herum eine Gruppe von jungen Leuten. Die Sonne ging langsam unter, die Wolken hatten sich verzogen, sodass der Tulove Grede in einem goldenen Licht erstrahlte. Die Gruppe beachtete mich nicht und war ganz mit sich selbst beschäftigt. An meinem Auto angekommen, öffnete ich den Kofferraum, setzte mich auf die Ladefläche, wechselte die Schuhe und beobachtete sie. Neben zwei jungen Männern, die an einem der Wagen lehnten, standen drei junge Frauen und unterhielten sich. Eine davon drehte mir den Rücken zu, sodass ich nur ihr langes blauschwarzes Haar sah und für einen Moment glaubte, Winnetou sei wiederauferstanden. Alle waren angezogen und beladen, als ginge es auf Bergtour, und zugleich wie aus dem Ei gepellt, Kleidung und Ausrüstung wie neu, die Haare frisch gewaschen, ja sogar geschminkt. Irgendetwas stimmte hier nicht, denn für eine Wanderung war es viel zu spät. Dann stiegen zwei Männer mit Kamerataschen aus einem der Transporter und gaben Anweisungen. Die Truppe setzte sich in Bewegung und stieg den Weg zum Massiv hinauf. Nach zehn Höhenmetern machten sie halt, um für die Fotografen vor und zwischen den Felsen zu posieren.

VIII
Winchester '80

Auf meinem Weg zurück in den Norden wollte ich noch im Umland von Rijeka Halt machen, wo immer dann gedreht wurde, wenn man grünere Motive benötigte, vor allem für Farmen und Indianerdörfer, darunter Butlers Farm (DER SCHATZ IM SILBERSEE), Baumanns Ranch (UNTER GEIERN) oder die Dörfer der Kiowas und Assiniboins aus WINNETOU I und II. Anstatt über die Autobahn fuhr ich über die Magistrala, denn dort lagen weitere Drehorte, abgesehen davon war es kürzer, auch wenn es mehr Zeit in Anspruch nahm. Der erste davon befand sich auf einer Landzunge hinter Rovanjska, die einen sanft ansteigenden Hügel bildet. Dort oben entstanden nur zwei kurze Einstellungen ohne Dialoge, aber so eindrücklich, dass sie zu Archetypen der Winnetou-Filme wurden.

Beide wurden bei Sonnenuntergang aufgenommen. Die Erste davon findet sich am Ende von WINNETOU I. Nach dem Tod von

Intschu-tschuna und Nscho-tschi sind die beiden Blutsbrüder nun allein. Die Kamera zeigt erst den Himmel und schwenkt dann langsam hinunter auf das Velebit-Gebirge und fängt die beiden auf ihren Pferden ein, die im Schritttempo an ihr vorbeireiten und sich dann abwenden, um auf eine Linie mit dem roten Sonnenball zu kommen. Im Gegenlicht reiten sie der Sonne entgegen, sodass bald nur noch ihre schwarzen Silhouetten zu erkennen sind wie ein bewegter Scherenschnitt: links Winnetou mit seinem langen Haar, das leicht im Wind spielt, in seiner rechten Hand markant die Silberbüchse aufgerichtet, rechts neben ihm Old Shatterhand mit seinen geraden Schultern. Ein Bild mythischer Verbundenheit, das ihre Beziehung deutlich von Winnetous Freundschaft mit Old Surehand unterscheidet. Denn in allen drei Surehand-Filmen trennen sich die Helden am Ende, Winnetou und Old Shatterhand hingegen reiten stets gemeinsam davon.

Die Einstellung wurde weiter oben aufgenommen, sodass die Adria nicht zu sehen ist. Sie spielt dann jedoch in der Schlussszene aus WINNETOU III eine entscheidende Rolle, die weiter unten entstand. Der Leichnam des Häuptlings wird auf einer Bahre von den Kriegern der Apachen vorweg getragen, dahinter Old Shatterhand auf seinem Hengst Hatatitla, rechts neben ihm Iltschi, reiterlos. Das Totengeleit geht auf den Sonnenuntergang zu, zunächst lautlos, sodass jeder Schritt zu hören ist, dann setzt die Musik leise ein. An den hängenden Schultern Old Shatterhands kann man erkennen, dass Lex Barker hier gedoubelt wurde, ein trauriges Detail, dass Brice die ergreifende Abschiedsszene allein spielen musste. Der Anblick der Adria, die still wie ein See ruht, verleiht der Szene seine transzendente Bedeutung. Im Unterschied zu seinem Vater und seiner Schwester wird Winnetou im Film kein Grab erhalten. Während der Häuptling der Apachen bei Karl May hoch zu Ross mit seiner Silberbüchse begraben wird, verschwindet er im Film in Richtung Horizont und geht in einer unbekannten Ferne auf. Pierre Brice hat seine letzte Ruhestätte auf dem Friedhof Gräfelfing in München unter einem mehrere Tonnen schweren Felsbrocken gefunden, der mythischen Bedeutung Winnetous entspricht es hingegen, dass es keinen eigentlichen Ort für ihn gibt. Als Mythos ist er nicht nur unendlich wandelbar, sondern zugleich auch überall.

Ich setze meine Reise fort und habe in den verbleibenden Stunden Autofahrt Zeit, über eine Frage nachzudenken, die sich viele schon gestellt hatten: Warum war Karl May, warum waren die Winnetou-Filme im deutschsprachigen Raum so erfolgreich gewesen, jenseits davon hingegen weitgehend unbekannt geblieben? War Winnetou ein spezifisch deutscher Mythos? Marie Versini hält in ihren Memoiren sogar Nscho-tschi für eine typisch deutsche Figur. Aber nur weil May aus Sachsen stammte, musste daraus noch kein spezifisch deutscher Mythos entstehen. Gelesen wurde er auch in Österreich, Tschechien, Polen und dem Baltikum. Gewiss fanden sich immer wieder einzelne Gedanken über die Deutschen in seinen Erzählungen. Klekih-petra, ein Deutscher, der «ein vollständiger Apache» wurde, hält die Deutschen für «eigentümliche Menschen»; und immer, wenn sich Deutsche in der Prärie begegnen, wird Verbrüderung gefeiert; ebenso auffällig ist, dass quasi alle Bösewichte keine Deutschen sind. Die Kernelemente des Winnetou-Mythos selbst aber – brüderliche Freundschaft, interkulturelle Versöhnung, Heroismus, Zivilisationsflucht, Tod – haben nichts spezifisch Deutsches an sich.

Wenn Karl May kaum über die deutschsprachigen Grenzen hinausgekommen ist, so geht dies auch auf die kulturellen Verteilungswege seiner Zeit zurück, deren Zentren in London und Paris lagen. Welche deutsche Stadt hätte diesen Metropolen standhalten können? Warum sollten Engländer und Franzosen mit ihren riesigen Kolonialreichen und ihrer weltweit ausstrahlenden Literatur ausgerechnet einem Sachsen verfallen? Trotz Weimarer Klassik und Romantik waren die deutschen Länder kulturell und ökonomisch rückständig und holten erst gegen Ende des 19. Jahrhunderts auf. Das war zwar der Moment, in dem May triumphierte, aber der literarische Kulturaustausch blieb weitgehend eine Einbahnstraße, die von den Zentren Englands und Frankreichs in die Welt hinausging. Und war dies nach 1945 nicht wieder so gewesen mit dem Unterschied, dass sich die Zentren in die USA verlagert hatten? Wie sollten deutsch-jugoslawische Filmproduktionen ein weltweites Publikum erreichen, wenn die Majors den Markt beherrschten und Deutschland durch die Katastrophe des Nationalsozialismus wieder in den Status der kinematografischen Provinz zurückgefallen war? Der Einwand, dass den italienischen Western der internationale Durchbruch gelungen sei, fällt kaum ins Gewicht, denn von den mehreren Hundert Italowestern der 1960er-Jahre sind kaum mehr als ein Dutzend Titel übrig geblieben, vier darunter von Sergio Leone, die zum Teil mit US-amerikanischem Kapital finanziert wurden, abgesehen davon, dass Roms Cinecittà das europäische Hollywood jener Zeit gewesen war.

Winnetou wurde deshalb zu einem deutschen Filmmythos, weil die besonderen Umstände der 1960er-Jahre ihn dazu gemacht haben. Einerseits war die nationale Katastrophe dem Land stark anzusehen und noch lange nicht aufgearbeitet, andererseits gab es einen wirtschaftlichen Aufstieg seit 1950, sodass man in einer spannungsvollen Mischung aus Verdrängung auf der einen und Verjüngung durch den *American Way of Life* auf der anderen Seite lebte. Die Winnetou-Filme fügten sich perfekt darin ein: Nostalgisch führten sie in die Zeit vor die Katastrophe zurück, ins 19. Jahrhundert, in die Romantik, in die Zeit von Opern und Gründerjahren, zugleich befriedigten sie post 45 das Bedürfnis nach internationaler Verbrüderung, Überwindung der Isolation, und zwar der realen und der gefühlten, denn über Jahrzehnte musste man als Deutscher im Ausland damit rechnen, wegen der unsäglichen Verbrechen der Nazis angepöbelt zu werden. Die Winnetou-Film-Familie aber – Brice nennt sie in seinen Memoiren mehrfach so – lebte ein Nationenpatchwork vor, das einen die schreckliche Vergangenheit vergessen ließ. Keine andere deutsche Filmproduktion war damit vergleichbar, Winnetou war *der* Mythos und Brice der einzige hausgemachte Superstar im Deutschland der zweiten Hälfte des 20. Jahrhunderts.

Als wichtiger Motor dieses Starkults erwies sich die Emanzipation der Jugendkultur von der Erwachsenenwelt, in Deutschland vorangetrieben durch die Zeitschrift *Bravo*, ohne welche die Geschichte der Winnetou-Filme anders verlaufen wäre. 1956 gegründet als «Zeitschrift für Film und Fernsehen» reagierte sie zunächst auf den ungeheuren Einfluss des Kinos, das im selben Jahr in Deutschland seinen historischen Höhepunkt mit 800 Millionen Besuchern erreichte. Im Zentrum stand der Starkult, der von den jugendlichen Leserinnen und Lesern voll angenommen wurde, sodass die anfängliche Auflage von 30.000 Exemplaren Mitte der 1960er schon auf eine Million anstieg.

Die Winnetou-Filme wurden zu einem Dauerbrenner der Zeitschrift, und es dürfte wohl keinen weiteren Fall geben, in dem eine Filmreihe und eine Illustrierte eine so enge Beziehung miteinander eingegangen sind. 1964 gab es im Vorfeld zu WINNETOU III eine Kampagne, um zu verhindern, dass der Apache sterben musste. Bald schickte man einen *Bravo*-Fotografen nach Jugoslawien, der exklusive Bilder lieferte, später verloste man unter den *Bravo*-Lesern Reisen zu den Dreharbeiten. Und immer und immer wieder prangte Pierre Brice als Winnetou auf der Titelseite, fast zwanzig Mal, kein anderer gewann so häufig den Publikumspreis, den *Bravo*-Otto, seit 1965 eine Indianerstatuette übrigens, die auch auf Winnetou zurückging, und drei Mal konnte man Brice im Winnetou-Kostüm als Starschnitt zusammensetzen und an die Wand hängen, auch das ein Rekord in der Geschichte der Zeitschrift.

Das galt nicht nur für Westdeutschland. Im Osten war Karl May zwar offiziell bis Anfang der 1980er nicht im Angebot, wurde aber insgeheim weiter gelesen. Gerade der Aufbau eines marxistischen Gegen-Karl-Mays in Person von Liselotte Welskopf-Henrich, deren *Söhne der großen Bärin* zum erfolgreichsten Indianerroman der DDR wurde, deutet indirekt auf seine Präsenz hin. 1966 drehte die DEFA nach dem Vorbild der Winnetou-Reihe dann selbst mit großem Erfolg Indianerfilme und griff dabei auf den muskulösen Jugoslawen Gojko Mitić als Hauptdarsteller zurück, der in WINNETOU II und UNTER GEIERN eine Nebenrolle besetzt hatte. Als Gegen-Winnetou Tokei-ihto spielt er in der Verfilmung von *Die Söhne der großen Bärin* einen Häuptling, der sich als Revolutionär verstehen lässt, sein Volk aus dem Reservat führt und von der Ausbeutung durch weiße Kapitalisten befreit, um weit entfernt davon mit ihnen einen sozial gerechten Arbeiter- und Bauernstaat zu errichten. Karl May hingegen verschwand im Untergrund und wurde privat getauscht, verkauft oder verliehen. Das berichten nicht nur ostdeutsche Leser, manchmal trat dies sogar an die Öffentlichkeit, zum Beispiel als 1974 in der *Thüringischen Landeszeitung* folgende Annonce zu lesen war: «Biete Karl May, 51 Bände u. 4 Jahrbücher u. v. a. Suche Trabant 601.» Karl May als Devise – nicht schlecht für einen offiziell verfemten Autor! Die Filme wiederum erreichten das Publikum 1974 über das Westfernsehen, und als die offizielle Politik gegenüber Karl May 1982 eine Kehrtwende machte, liefen sie ab 1983 sowohl im Kino als auch im Fernsehen der DDR.

Der Sachse verband damit ein Stück weit die geteilte Nation und besaß das Potenzial, einen Beitrag zur Wiedervereinigung zu leisten. In meinem Fall sogar einen ganz konkreten. Während mein ehemaliger Deutschlehrer mir bei einer zufälligen Begegnung im Sommer 1990 stolz berichtete, er habe endlich Weimar besichtigt, waren ein paar Freunde und ich auf eine ganz andere Idee gekommen. Unsere magischen Orte hießen Hohenstein-Ernstthal und Radebeul. Am Samstag, den 29. September 1990 machten wir uns zunächst auf den Weg in die sächsische Kleinstadt, wo wir Mays Geburtshaus besichtigen wollten. Neben mir bestand die Truppe aus Perry, dem intellektuellsten meiner ehemaligen Klasse, Flum, dem musikalischsten, und Uli, einem reiselustigen Kollegen vom Zivildienst. Das Auto meiner Eltern, ein Nissan Bluebird mit Schrägheck in Blau Metallic, wurde auf den Namen Iltschi getauft. Das hielten wir für höchst originell. Nach dem Übertritt der Noch-Grenze bei Herleshausen zeigte sich jedoch, dass wir trotz des schneidigen Namens nur langsam vorankamen, weil sich lange Staus bildeten und der Zustand der

Autobahn die Geschwindigkeit bremste, abgesehen davon, dass uns die Betonplatten als Fahrbahndecke verunsicherten. Zum Glück hatten wir vorgesorgt. Im Gepäck, das heißt sorgsam in einem Schuhkarton aufbewahrt, befand sich unsere Reisebibliothek aus einem knappen Dutzend grüner Bände.

Jeder hatte die Aufgabe erhalten, einen auszuwählen, um während der Fahrt daraus seine Lieblingsstelle vorzulesen. Flum begann mit einer Passage, in der von «phosphoreszierenden Augen» die Rede war, die unerfahrene Westläufer beim nächtlichen Anschleichen verraten können, ein Phänomen, das ihn faszinierte, auch wenn er nicht wusste, ob es nicht doch der Fantasie entsprungen war. Uli hatte *Durch die Wüste* mitgenommen, in dem May erklärte, wie man aus Reisen wirkliche Abenteuer macht in einer Welt, die immer nüchterner wird und nichts mehr dem Zufall überlässt: indem man nicht mit der Bahn fährt, sondern mit Pferd und Kamel reitet, indem man exotische Ziele anvisiert, keinen Reiseführer und nur wenig Geld mitnimmt. Dass der Autor selbst bis dahin noch nie im Ausland gewesen war und seine Reisen nur aus Fantasie und Einfühlung heraus beschrieb, wussten wir zwar, aber das spielte überhaupt keine Rolle, denn es klang völlig plausibel.

Ich selbst hatte mich für den unfreiwilligen nächtlichen Zweikampf von Old Shatterhand und Old Firehand aus *Winnetou II* entschieden. Er kommt zustande, als Old Shatterhand ein Indianerlager belauscht und erschrocken feststellt, dass er nicht der einzige Lauscher ist. Dann stürzt sich der andere auf ihn und beide fechten in der Dunkelheit einen heftigen, aber geräuschlosen Kampf miteinander aus, um von den Indianern nicht bemerkt zu werden. War das Anschleichen, wie May es beschreibt, an sich schon eine Meisterleistung, so grenzte der stille Kampf am Rande des feindlichen Lagers an ein Wunder. Außerdem kam ein stilistisch mir unvergesslicher Satz darin vor, in dem Old Shatterhand mit vorbildlicher Alliteration den nächtlichen Rivalen charakterisiert: «Mensch, hatte der Kerl Kraft!» Den Höhepunkt bildete Perrys Vortrag von Kara ben Nemsis Todesnähe-Erfahrung aus *In den*

Schluchten des Balkan. In die Hütte eines falschen Bettlers gelockt, erhält Kara einen schweren Schlag auf den Kopf und stirbt. Zumindest schreibt Karl May es so: «Ich war gestorben.» Hatte es je einen Icherzähler gegeben, der erzählte, wie er gestorben war und wie seine Seele sich vom Körper löste, um die Erde herumflog, reiner Gedanke wurde, um dann doch wieder durch das Dach in die Hütte und in seinen Körper zurückzukehren?

In Ernstthal angekommen, fragten wir nach dem Weg und ich hörte zum ersten Mal jemanden wirklich Sächsisch sprechen. Einen Moment lang war ich fassungslos. Ich hatte das Deutsche noch nie in dieser Variante vernommen, kurioserweise aber alles verstehen können. Wir kamen kurz vor Schließung des Museums an, der freundliche Herr, der uns empfing und zugleich der Direktor war, ließ es sich jedoch nicht nehmen, uns eine ordentliche Führung zu bieten, deren Höhepunkt darin bestand, dass Perry zum Spaß mit einem Reisigbesen versohlt wurde, womit unser Museumsführer die Erziehung zu Karl Mays Zeiten veranschaulichen wollte.

Bald saßen wir wieder in unserem Iltschi. Es war schon dunkel, wir mussten uns dringend um eine Bleibe kümmern. Uli hatte vor ein paar Monaten einen Dresdner namens Marco kennengelernt, bei dem er per Anhalter im Auto mitgefahren war. Dabei hatten sich die beiden offenbar so angeregt unterhalten, dass Marco ihm seine Adresse gegeben und ihn nach Dresden eingeladen hatte. Bei der Planung der Reise war das Thema Übernachtung in Dresden damit abgehakt gewesen, wohl weil wir Uli voll vertrauten. Jetzt aber fragte ich mich, ob Marcos Einladung nichts weiter als eine höfliche Floskel gewesen war, und ich hoffte inständig, dass sie sich wirklich so toll unterhalten hatten. Eine Alternative dazu gab es bisher nicht. Immerhin lagen Schlafsäcke im Kofferraum, und das schien uns irgendwie zu beruhigen.

Als wir in Dresden ankamen, wurde es langsam dunkel. Ich saß am Steuer und gehorchte Perrys Anweisungen, der neben mir auf dem Beifahrersitz mit einer Karte in der Hand hockte und nach einem Weg zu unserem Ziel suchte. Nachdem wir eine

Zeit lang herumgeirrt waren, landeten wir schließlich in einer Plattenbausiedlung, die dunkel in die Nacht hinaufragte, und stellten fest, dass es sich um Studentenwohnheime handelte. Meine Hoffnung, dass wir hier eine Übernachtungsmöglichkeit fanden, schwand beträchtlich. Der Haupteingang war geöffnet, ein Bewohner wies uns den Weg in den vierten Stock. Uli ging voran. Oben angekommen, erreichten wir einen schmalen und dunklen Gang. An einer Tür blieb er stehen. «Hier muss es sein», sagte er und blickte dabei zur Sicherheit nochmals in sein Adressbüchlein. Eine Klingel gab es nicht, Uli klopfte an. Kurz darauf waren Geräusche in der Wohnung zu hören. Immerhin war jemand zu Hause. Eine junge Frau öffnete die Tür und sah uns überrascht an. Auch Uli war überrascht und fragte, ob hier nicht Marco wohne.

«Ja, Marco wohnt hier.»

«Ist er zu Hause?»

«Ja, aber er sitzt gerade in der Badewanne.»

Uli stockte, die junge Frau sagte auch nichts, und für einen Moment lastete eine schwere Stille auf dem Flur, wobei ich wie die anderen beiden versuchte, im Hintergrund so freundlich und so harmlos zu gucken, wie es mir möglich war.

«Na, dann können wir vielleicht auf ihn warten?»

«Ich sag's ihm. Wen soll ich denn melden?»

Uli stockte wieder. «Ich glaube nicht, dass er sich an meinen Namen erinnert. Am besten kommt er selbst.»

Die junge Frau verschwand wieder in der Wohnung, ging ins Badezimmer und teilte Marco mit, dass ihn ein paar Leute sprechen wollten. «Wer denn?», hörte man ihn sagen. Das wisse sie nicht, er solle selber nachsehen.

Man hörte, wie Marco aus der Wanne stieg. Hoffentlich war das Wasser schon abgekühlt, ansonsten sanken unsere Chancen ins Bodenlose. Schritte schlurften über den Gang, Marco erschien vor uns in einem gestreiften, etwas abgetragenen Bademantel. Er trug einen Schnurrbart und wirkte dadurch deutlich älter als wir.

«Hallo», rief Uli enthusiastisch. «Erinnerst du dich noch an mich? Du hattest mich vor einiger Zeit im Auto mitgenommen und mir deine Adresse gegeben.»

Marco musterte Uli kurz, dann entspannten sich seine Züge. «Natürlich, der angehende Geologe.»

«Uli!», sagte Uli höflich, ohne jeden Anflug eines Tones der Enttäuschung darüber, dass Marco seinen Namen nicht mehr wusste.

«Ja genau, Uli», wiederholte Marco, sagte dann aber nichts weiter und sah Uli erwartungsvoll an.

Uli holte Luft, räusperte sich einmal und hob an: «Ja, also, weißt du, du hattest mir deine Adresse gegeben und gesagt, ich solle mich doch mal melden, wenn ich in Dresden bin und ja, es trifft sich nun gerade, dass ich … in Dresden bin und …» Uli hielt inne, wohl weil er hoffte, dass Marco ihm die Peinlichkeit ersparen würde, danach fragen zu müssen, ob er, nein, ob er und seine drei Freunde hier übernachten könnten. Ich hatte den Glauben daran sowieso schon aufgegeben, denn wenn Marco mit seiner Freundin in dem Studentenzimmer hauste, war wohl kaum noch Platz für vier weitere Personen. Aber Marco sagte nichts. Uli wechselte daraufhin das Thema, wohl um Zeit zu gewinnen.

«Wir machen eine Karl-May-Tour und kommen direkt aus Hohenstein-Ernstthal, dem Geburtsort.»

Marco nickte, als wüsste er Bescheid.

«Und morgen», fuhr Uli fort, «wollen wir nach Radebeul in die Villa Shatterhand.»

«Dann braucht ihr wohl noch eine Übernachtungsmöglichkeit», schlussfolgerte Marco endlich.

Uli wagte nichts zu sagen und nickte bloß zurückhaltend. Wir anderen drei, das heißt, zumindest bei mir bin ich sicher, grinsten betreten. Uli drehte sich zu uns um und erklärte, dass wir drei Freunde aus dem Zivildienst und begeisterte Karl-May-Leser seien, was uns als völlig harmlos hinstellte.

«Na, bei mir im Zimmer ist kein Platz», erwiderte Marco, worauf ich die Lippen zusammenpresste und verständnisvoll nickte, das alles natürlich nur als unterstützende Hintergrundsmimik zum Gespräch. «Aber im Stock über uns gibt es einen leer stehenden Raum», meinte Marco dann. «Wenn es euch nichts ausmacht, auf dem Boden zu schlafen, könnt ihr ihn haben.»

Das war großzügig, das hatte Grandezza, das war Wiedervereinigung, dachte ich. Wir holten unsere Schlafsäcke aus dem Auto. Marco zog sich in der Zwischenzeit an und führte uns dann zu dem Raum, wo wir alles ablegten. Heute Abend habe er keine Zeit für uns, aber wir könnten morgen zusammen frühstücken, sagte er und gab uns einen Schlüssel, damit wir ganz unabhängig waren.

Niemand von uns außer Uli war jemals in Dresden gewesen. Wir beschlossen daher, einen Spaziergang durch das Barockzentrum zu machen. Wir stellten den Wagen an der Semperoper ab, gingen zunächst die Elbe hinauf und bogen dann an den Brühlschen Terrassen nach links in die Richtung ein, in der wir die Altstadt erwarteten. Stattdessen kamen wir jedoch an ein Brachfeld, das uns die Sprache verschlug. Die beiden Ruinenteile der Frauenkirche ragten aus dem Nichts hervor und türmten sich schwarz vor uns und dem Nachthimmel auf. Es herrschte Stille, das Gelände wirkte verlassen, obwohl wir uns mitten im Zentrum glaubten. Rings herum lagen massive Blöcke, schwarz auch sie, als trügen sie noch den Ruß der Bomben- und Brandnacht vom 13. Februar 1945. Zugleich wirkte die Szenerie wie ein Ruinenbild Caspar David Friedrichs, jedoch düster und ohne Hoffnung. Ich wusste zwar, dass man die Ruine als Mahnmal hatte stehen lassen, aber dieses Chaos aus Trümmern führte mir das Ausmaß der Zerstörung und die unsägliche Kraft moderner Waffentechnik so unmittelbar vor Augen, dass ich den Anblick bis heute nicht vergessen kann. Kein Mahnmal hat jemals wieder so tief auf mich gewirkt. Ich habe nie verstanden, warum man die Kirche wieder aufgebaut hat.

Am nächsten Morgen frühstückten wir mit Marco und seiner Freundin. Es war Sonntag, sie war gestern Abend noch für uns im «Späti» einkaufen gewesen, eine Institution, die mir damals nicht geläufig war. Zum ersten Mal saßen ich und mit Ausnahme von Uli wohl auch die anderen mit Gleichaltrigen aus dem Osten an einem Tisch. Zwar waren wir noch jung und nahmen alles als natürlich hin, zugleich aber spürte man, dass es ein außergewöhnlicher Moment war. Von den Reaktionen darauf sind mir drei Dinge in Erinnerung geblieben. Ich selbst hatte das Bedürfnis, das Außergewöhnliche anzusprechen, vielleicht um es zu feiern, vielleicht um die Verlegenheit zu kaschieren, die damit verbunden war, denn wir waren uns trotz allem fremd. Also sagte ich so etwas wie, dass es doch ganz unglaublich sei, dass wir hier nun zusammensäßen, weil es vor nur zwei Jahren noch undenkbar gewesen war. Uli hingegen war mein Kommentar offenbar peinlich, denn er tat ihn sofort ab und hielt es für ganz normal. Das Dresdener Paar sagte nichts dazu, aber dafür fing Marcos Freundin an, Ost- und Westdeutsche miteinander zu vergleichen. Sie erzählte von einer Veranstaltung, die sie zusammen mit Westdeutschen organisiert hatten. Dabei wurde ein Fahnenmast aufgestellt, dessen Zugvorrichtung nicht funktionierte. Die Westdeutschen wären damit völlig überfordert gewesen, während die Ostdeutschen einfach eine Lösung improvisiert hätten. Darin seien die Ossis wohl einfach besser, schlussfolgerte sie.

Anschließend machten wir uns auf den Weg nach Radebeul. Bald standen wir vor jener für uns legendären Fassade, auf der in goldenen Lettern die Aufschrift «Villa Shatterhand» angebracht war. Natürlich hatten wir alle auf diesen Höhepunkt hingefiebert, die anderen Eindrücke aber, die Berührung mit der Geschichte, die Begegnung mit Menschen, die uns nah und fern zugleich standen, hatten sich dazwischengeschoben und Karl May in den Hintergrund treten lassen, auch wenn es ihm zu verdanken war, dass wir die Reise unternommen hatten. Es kann kein Zufall sein, dass der Winnetou-Mythos in den 1990er-Jahren an Bedeutung verliert. Nach Westintegration und Demokratisierung wurde letztlich erst mit der Wiedervereinigung die lange Nachkriegszeit abgeschlossen. Damit hatte offenbar auch Winnetou seine emotionale Aufgabe erfüllt.

Während ich so vor mich hindachte, hatte ich den Ort Lukovo Šugarje passiert. Etwa fünf Kilometer weiter befindet sich, direkt am Meer gelegen, ein Drehort, den Regisseur Harald Reinl selbst entdeckt hat. Man sieht ihn in WINNETOU II, und er ist für die Handlung an sich ohne Bedeutung, denn er dient lediglich als Bindeglied zwischen zwei Sequenzen: Drei Soldaten reiten über einen Schotterweg und werden mit einigem Abstand von Banditen verfolgt, die sie beseitigen wollen. Dennoch geht von dem Motiv eine besondere Stimmung aus, die den Drehort Kroatien unverwechselbar macht und den Winnetou-Filmen zugleich ihre Wiedererkennbarkeit schenkt. Denn die Soldaten reiten vor zwei markanten Felsspitzen her, hinter denen die stahlblaue Adria liegt, hinter der wiederum die Ostseite der Insel Pag in leuchtendem Gelb erstrahlt, einer blendenden Wüste gleich, kahl geschlagen durch Abholzung und den Fäusten der Bora. Winnetou am Meer? Das will nicht passen. Wenn Wasser zwar die Winnetou-Filme auszeichnet, dann Süß-, aber nicht Salzwasser. Doch die langgezogene, einer Scheidenmuschel ähnelnde Insel Pag, die den Horizont abschließt, verwandelt die Adria in einen See. Die bewegten Bilder werden zum Aquarell aus rötlichen, blauen und gelben Flächen, vor denen die Reiter verschwimmen. Reinl hat sich von dieser Farbmagie bezaubern lassen: Die Kamera folgt zunächst im Schwenk den drei Soldaten und dreht sich dann langsam wieder zurück zum Ausgangspunkt. Für wenige Sekunden sind keine Figuren zu sehen und die Adriaküste gerät ganz in den Vordergrund, lässt einen alles andere vergessen und nur die Sehnsucht spüren, einmal dort entlang zu gehen. Erst als die leuchtende Küste Pags wieder das Bild erfüllt, bleibt die Kamera stehen und lässt nun auch die Banditen vorbeireiten. Mit dem Trick des verlängerten Schwenks gelang es Reinl, touristische Postkarten unbemerkt in die Handlung einzufügen. Außerdem hatte er verstanden, dass es nicht in erster Linie darum ging, eine Landschaft zu inszenieren, die den USA so ähnlich wie möglich war, sondern darum, schöne, unverwechselbare Bilder zu schießen, deren Besonderheit vielleicht sogar darin lag, dass sie gerade nicht den Vorstellungen vom Wilden Westen entsprachen.

Als ich mich nach zwei Stunden endlich Rijeka näherte, fuhr ich jedoch nicht in die Stadt, sondern bog in den Vorort Kostrena ab, um zum Žurkovo-Strand hinunterzufahren. Er bildet eine Bucht, die von einer gut zwanzig Meter hohen Felswand umfasst wird. Heute befinden sich hier eine Anlegestelle für Segelboote, verschiedene Bars und Cafés. Außer der Felswand deutet nichts mehr darauf hin, dass hier alles angefangen hat, zumindest für mich. Denn das Motiv direkt an der Adria, die man im Film allerdings nicht zu sehen bekommt und daher glaubt, man befinde sich in den Wäldern eines Felsengebirges, diente im SCHATZ IM SILBERSEE als Lager der Tramps. Winnetou hatte sie verfolgt und spionierte sie von oben aus, wagte sich dann in das Blockhaus der Banditen und belauschte ihre Planungen. Diese Szene ist mir deshalb so gut in Erinnerung geblieben, weil sie zu den Ersten gehörte, die ich überhaupt von einem Winnetou-Film gesehen habe. Als die Filme in den Kinos anliefen, war ich noch nicht geboren, ich habe also die erste Welle komplett verpasst und wusste auch nichts von der einzigartigen Begeisterung des Publikums bei den Premieren. Mir blieb daher nur das Fernsehen mit seinen damals drei Programmen, die mein Tor in die Welt waren, umso mehr, da ich als Kind sonst keinen Zugang zu ihr hatte, schon gar nicht einen so aufregenden. Am 23. März 1974, ich war fast fünf Jahre alt, kam es zur Erstausstrahlung vom SCHATZ IM SILBERSEE im ZDF zur Hauptsendezeit um 20 Uhr 15. Lesen konnte ich noch nicht, daher weiß ich nicht mehr, ob ich im Vorfeld davon wusste, ob meine Eltern oder jemand anderes vielleicht davon gesprochen hatte oder ob es eine Überraschung war, jedenfalls ritten Winnetou und Old Shatterhand nach der Hitparade über den Bildschirm und die Magie dieser schönen Bilder übte vom ersten Moment an ihre zugleich heimelige und exotische Wirkung auf mich aus. Natürlich wusste ich, dass ich keine Chance hatte, den Film ganz zu sehen, aber es war ein Samstag und ich verhielt mich ganz still in der Hoffnung, meine Eltern würden vielleicht übersehen, dass ich noch auf war. Am Wochenende musste ich gegen zwanzig

Uhr schlafen gehen, unter der Woche sogar noch früher. Das hatte zur Folge, dass ich meistens lange wach lag und gehorsam auf den Schlaf wartete. Ich habe diese Momente als furchtbar zäh in Erinnerung und wusste mir damals nicht anders zu helfen, als mich in Fantasien hineinzuträumen, bis ich endlich einschlief. Als Winnetou sich, hinter einem Busch versteckt, an die Wache der Tramps anschlich, forderte mein Vater mich zum ersten Mal auf, ins Bett zu gehen. Ich bettelte darum, nur diese Szene noch zu gucken. Natürlich kannte ich das Wort Szene noch nicht und sagte stattdessen «Nur das noch, nur das noch!», aber mein Vater ließ nicht mit sich verhandeln, und ich war noch zu klein, um weiteren Widerstand zu leisten. Also gehorchte ich und stieg mit dem offenen Bild ins Bett, wie der Apachenhäuptling sich in Gefahr begab, und mit der Angst, lange Zeit nicht zu erfahren, was aus ihm würde. Diese lange Zeit wurden drei Jahre, eine Ewigkeit für ein Kind. Erst Ende 1977 Anfang 1978 brachte das ZDF Winnetou zum zweiten Male. Die Abfolge der sieben Filme, die ausgestrahlt wurden, folgte im Unterschied zur Kinoauswertung einer erzählerischen Chronologie, die natürlich mit WINNETOU I begann und mit dem dritten Teil endete. Zudem zog sich die Reihe über sechs Monate hin und hinterließ so den Eindruck einer historischen Saga, eines epischen Erzählentwurfs, einer unüberschaubar großen Gegenwelt.

Jetzt war ich immerhin schon acht, außerdem liefen die Filme am Sonntagnachmittag, zur Familienzeit. Das von mir gefürchtete Argument, dafür sei ich noch zu «klein», war damit außer Kraft gesetzt. Außerdem hatte ich alles dafür getan, um meinen Eltern zu signalisieren, dass Winnetou fest zur Kindheit gehörte. Ich schnitt Bilder aus Zeitungen aus, hängte Poster auf, verwendete Malblöcke mit Filmmotiven, alles nur, um zu zeigen, dass Winnetou zu mir gehörte, damit gar nicht erst eine Diskussion über die Angemessenheit aufkam.

Eine solche Wertschätzung von Bildern ist in unserer heutigen Welt der totalen Verfügbarkeit kaum mehr nachzuvollziehen. Damals aber waren meine Schnipsel kleine Heiligtümer, die ich in eigens gestalteten Schuhkartons wie in einem Schrein aufbewahrte und kindlichen Freunden stolz und vorsichtig präsentierte, denn es war ein fragiler Schatz, der schnell einreißen und vergilben konnte. Mein wertvollstes Stück hingegen war für alle sichtbar an der Zimmerwand ausgestellt, ein Original-Filmplakat von WINNETOU 2. TEIL (wie es darauf heißt) mit beiden Helden in Pose vor der Landschaft. Zu verdanken hatte ich es dem freundlichen Filmvorführer unseres Kleinstadtkinos, dem aufgefallen war, dass ich täglich zu den Vitrinen kam, um mir die Aushängebilder der Filme anzuschauen.

All das reicht aber nicht aus, um die Bedeutung dieser Filme einzuschätzen. Dass sie trotz ihres Riesenerfolgs im Kino zehn Jahre später im Fernsehen eine, so meine ich, ebenso prägende, wenn nicht sogar tiefere Wirkung entwickelten, ging auch auf eine Revolution im Kinderzimmer zurück, mit der sie kulturhistorisch zusammenfielen: der Einführung des Systemspielzeugs im Jahre 1974. Spielfiguren von Indianern und Westmännern hatte es zwar durchaus gegeben, aber sie waren aus einem Guss, steif und unbeweglich und meist von so unterschiedlichen Größen, dass sie nur selten zusammenpassten. Dann kam Playmobil, kurz darauf Play BIG: Bauarbeiter, Indianer und Ritter, die den Kopf drehen, die Arme heben und sich bücken konnten. Play BIG konnte die Beine sogar einzeln bewegen, aber dafür leierten die Gelenke schneller aus, abgesehen davon schienen mir die Männer – Frauen gab es zunächst nicht – mit ihren gedrungenen Gesichtern viel hässlicher zu sein als die ewig lächelnden Klickys (wie die Playmobilfiguren anfangs genannt wurden). Wenige Jahre später verschwand Play BIG, die 7,5 cm großen und für Kinderhände entwickelten Playmobilfiguren hatten sich durchgesetzt. Es war ein Monopol mit großen Vorteilen: Egal, was man schenkte, es war kompatibel. Mit jedem Geschenk-Event des Jahres, also Geburtstag und Weihnachten, wuchs das kleine Volk in meiner Spielkiste weiter an: erst ein paar Bauarbeiter wie zur Probe, anschließend Cowboys und dann 1976 die US-Kavallerie, blaue Soldaten, Nordstaatler, wie ich bald lernte, im Fünferpack, blond, braun- und schwarzhaarig, mit Käppi, gelbem Halstuch, dunkelblauem Rock, hellblauen Hosen und braunen Gewehren. Waren bei den Bauarbeitern Augen, Nase und Mund noch aufgemalt und verblassten nach und nach, so waren die Gesichtszüge der Soldaten für die Ewigkeit fest in das Plastik eingefügt. Hinzu kamen Pferde, ein Planwagen, das Haus des Sheriffs und dann als Krönung das Fort Union: ein Palisadenzaun mit Tor und Wachturm. Genau solche Soldaten und so ein Fort gab es auch in WINNETOU II und III, abgesehen davon konnte man daraus genauso die Wehranlagen von Butlers Farm aus dem SCHATZ IM SILBERSEE nachbauen. Zwei Welten berührten sich. Allerdings hatten die Playmobilfiguren den Nachteil, dass sie alle gleich aussahen, während die Helden der Fantasiewelt einzigartig waren. Playmobil konnte wohl die Truppen stellen, wer aber sollte sie anführen? Für gewöhnlich übernahmen diese Rolle die hochindividualisierten Krieg-der-Sterne-Figuren, aber für Karl May passten sie nicht. Das war gewiss kindliche Pedanterie, ich war aber auch nicht orthodox, was die Vermischung der Figurenvölker anging, solange sie nur mehr oder weniger gleich groß waren. Hier jedoch war der Anachronismus auch für ein Kind schon zu offensichtlich. Ein Luke Skywalker mit ausziehbarem gelbem Laserschwert konnte kein Karl-May-Held sein. Offenbar bemerkte man bei Playmobil diesen Mangel recht schnell. 1979 kam Playmobil Color: weiße Figuren zum Anmalen und Selbstgestalten; die stark riechenden Filzstifte wurden in den Grundfarben gleich mitgeliefert.

Jetzt galt es, einen Helden auszuwählen. Aus damaliger Sicht hatte ich nicht lange zu überlegen. Ich wählte Old Surehand. Das bedarf einer Erklärung. Oft wurde kritisiert, dass der von Stewart Granger kreierte Old Surehand nicht recht zu den ernsten Helden Karl Mays passte, welche die Komik den Nebenfiguren Sam Hawkens, Hobble-Frank, Tante Droll oder Sir David Lindsay überließen. Grangers Old Surehand hingegen ironisierte alles, klapste jedem väterlich auf die Schulter, wollte alles alleine machen und lehnte einmal sogar die Hilfe Winnetous ab.

Der Brite gab den US-Westernhelden und hat sich, wie mehrere Zeugen berichten, bei den Dreharbeiten genauso benommen. Alles fand er *fucking*: das Drehbuch, die Regie, die Figur, wollte allen erklären, wie man einen Western machte, und gestaltete die Figur nach eigenem Gutdünken.

Aber als Kind spielte das für mich keine Rolle, denn alles, was amerikanisch war, war schöner, besser, lässiger (das Wort ‹cool› hatte sich noch nicht eingebürgert) und besaß eine mythische Schicht. Granger hatte Old Surehand mit ein paar Besonderheiten verziert, die sich gut dafür eigneten, spielerisch adaptiert zu werden. So legte er den Gewehrkolben mit dem Abzug nach hinten auf den Unterarm, sodass der Lauf schräg über dem Ellbogen hinausstand und es ganz friedlich in seinem Arm lag. In UNTER GEIERN muss Surehand gegen indianische Bogenschützen zum Wettschießen antreten. Vor seinem letzten Schuss leckt er sich über den Daumen und feuchtet damit das Korn seines Gewehres an, eine scheinbar eigenwillige Geste, die wohl Glück bringen soll, so erklärte ich es mir. Erst Jahrzehnte später bemerkte ich, dass Granger damit Gary Cooper zitierte. In dem Klassiker SERGEANT YORK, gedreht während des Zweiten Weltkriegs, spielte dieser den Titelhelden, ebenfalls ein Meisterschütze, der immer, wenn es darauf ankommt, das Korn seines Gewehres mit dem Daumen anfeuchtet, dafür allerdings eine scheinbar rationale Erklärung angibt: die Feuchtigkeit sorge für eine bessere Sicht, weil sie den Dunst reduziere.

Aber auch ohne dieses Spezialwissen war die Geste einfach und faszinierend genug, um nachgeahmt zu werden, als ich zur Karnevalszeit ein Spielzeuggewehr im Westernstil geschenkt bekam. Die metallenen Teile – Lauf und Systemkasten – waren schwarz, diejenigen aus Kunststoff – Vorderschaft und Kolben – braun und verziert: mit Hirschen auf dem Vorderschaft und auf dem Kolben in Westernlettern das Wort «Winchester». Das Magazin wurde nach oben aufgeklappt und mit einer Rolle Knallplättchen geladen. Das Korn befand sich auf einem braunen Kunststoffaufsatz, was mich besonders erfreute, weil viele andere Gewehre im Spielzeugladen rote oder orange Aufsätze hatten und damit sofort als Spielzeug erkennbar waren und die Illusion einschränkten. Meine Winchester aber wirkte echt. Zwischen Vorderschaft und Kolben war ein brauner Riemen aus Kunststoff angebracht, mit dem man das gut 70 cm lange Gewehr bequem über der Schulter tragen konnte, was ich aber selten tat, weil ich die Winchester wie Old Surehand am liebsten in meinen angewinkelten linken Arm legte, sodass der Lauf schräg nach oben zeigte. Die Zinkteile sorgten dafür, dass es deutlich schwerer war als reines Plastikspielzeug und dieses Gewicht proportional zu dem weihevollen Ernst stand, mit dem ich es behandelte. Der von mir wahrgenommene Realismus des Gewehrs verlieh meinem Traum, ein Westläufer zu sein, ordentlich Substanz. Gebrochen wurde die Illusion allerdings von der mangelhaften Knalltechnik. Zwar versprach das Band hundert Schuss am Stück, aber die Zündplättchen lagen nur selten so exakt, dass der Schlaghahn genau traf. Viel lieber wäre mir eine Trommel für rote Zündringe gewesen, die zwar nur acht Schuss hatten, dafür aber zuverlässiger und zudem authentischer waren. Ebenso wenig war es möglich, mit meiner Winchester in schneller Abfolge zu schießen, weil die Feder dies nicht hergab und schon bald in ihrer Spannkraft nachließ. Am schlimmsten aber war, dass sich das mehr oder weniger abgeschossene Band wie eine Luftschlange oben aus dem Systemkasten herausrollte und mein Gewehr überdeutlich als Spielzeug identifizierte. Dementsprechend selten schoss ich damit. Ich konnte sie auch nicht zum Bärentöter erklären, denn sie besaß nur einen Lauf, und als Silberbüchse eignete sie sich gar nicht, außerdem stand nun einmal Winchester darauf geschrieben und das konnte ich nicht mehr einfach wegfantasieren.

Aber was waren all diese lächerlichen Mängel gegen das Gefühl, sie wie Old Surehand im Arm zu halten? Ich schlief mit dem Gewehr, sah fern mit dem Gewehr, nahm es in den Wald mit und führte mit ihm meine mittäglichen Patrouillen vor dem Haus durch. Wenn meine Eltern sich ausruhten, warf ich mich in meinen Feldparka, was mir einen offiziellen Charakter verlieh und zudem an einen Jagdrock erinnerte. Allerdings trat dieser amtliche Schein in Konflikt mit Old Surehands lässig-individueller Art, sein Gewehr zu tragen, sodass ich bei den Patrouillen meistens den Tragriemen benutzte und die Winchester über der Schulter trug.

Meine Wachgänge bestanden daraus, mehrmals um unser Haus zu laufen. Natürlich passierte nie etwas, ebenso wenig konnte ich je irgendetwas Verdächtiges entdecken oder beobachten. Aber darum ging es gar nicht, das Spiel bestand einfach darin, wie die Helden auf Wache zu sein, genauer noch, ihre ständige Anspannung nachzuerleben. Denn das war mein grundlegender Eindruck gewesen, als ich Winnetou und Old Shatterhand im Prolog vom SCHATZ IM SILBERSEE im Alter von fünf Jahren zum ersten Mal erblickte: Zwei Wächter in der Wildnis, immer auf dem Quivive, misstrauische Blicke nach rechts und links, Winnetou sogar mit der Silberbüchse in der Hand, und genauso ging es nach einer Überblendung weiter und man sah nun, wie die beiden sich auf den Abhängen der Großen Paklenica-Schlucht hinter Felsen verbargen, das Gewehr im Anschlag, um etwas zu beobachten und sich dann stumme Zeichen zu geben und sich weiter anzuschleichen. Sie stellten dort die Ordnung dar, wo es keine Ordnung gab, und das war eine ernste Aufgabe. Mit diesem heiligen Ernst umrundete auch ich drei bis vier Mal konzentriert das Haus, achtete besonders auf die Fenster, die ich für eine notorische Schwachstelle unserer Sicherheit hielt, schaute nach Spuren auf dem Boden, wo man höchstens einmal eine Zigarettenkippe fand, die gleich gesteigerte Aufmerksamkeit erregte, um schließlich nach fünfzehn Minuten wieder hineinzugehen, die mir jedoch deutlich länger vorgekommen waren.

Wenn mir also Old Surehand genauso lieb war wie Old Shatterhand, dann lag es sicherlich auch gerade daran, dass sie so unterschiedlich waren und gar nicht in Konkurrenz miteinander gerieten. Mit Winnetou bildeten sie das Triumvirat der edlen und unantastbaren Helden. In Sachen Playmobil besaß Old Surehand allerdings den Vorteil, dass er einen Hut trug. Hinzu kam, dass Martin Böttchers Old Surehand-Melodie mein Lieblingsstück war und bald auf meiner Platte knackte wie kein anderes und die sehnsuchtsvolle Musik dadurch eine nostalgische Note erhielt.

Old Surehand war mit Playmobil Color schnell gemacht: brauner Wams, schwarze Hose, dazu nur wenige Ornamente. Einen beigen Hut hatte ich, ein Halstuch auch. Jetzt erst konnte ich die dramaturgischen Möglichkeiten des neuen Spielzeugs voll ausschöpfen. Die Filmhandlung diente dabei als grobe Vorlage, im Vordergrund standen Schatzsuche, Gefangennahmen und Befreiungen, und das immer wieder. Warum war dies mit älteren Figuren nicht in dieser Form möglich gewesen? Was konnte Playmobil, das sie nicht konnten? Eigentlich nur zwei Dinge: Playmobil konnte die Arme bewegen und sich hinsetzen. Sitzen, das war eigentlich nicht wichtig, denn Karl Mays Helden sitzen nur auf Pferden und um die Friedenspfeife zu rauchen. Bei Playmobil war es allerdings so, dass die Figuren nicht auf den Pferden saßen, sondern eigentlich breitbeinig auf ihnen standen, was der Konstruktion der Figuren geschuldet war. Entscheidend war, dass die Playmobilfiguren die Arme heben konnten und ihre hohlen Einsteckhände dabei an geballte Fäuste erinnerten. So konnte man die in der Abenteuerwelt und gerade für Karl May so zentralen Faustkämpfe nachspielen, wobei die Figuren sich tatsächlich ins Gesicht schlagen konnten, so lange und so viel man wollte oder es nötig zu sein schien. Das klingt brutal und martialisch, aber wer meint, dass mein Spielzeuggewehr mich zum Waffennarr gemacht hätte oder wir durch die Playmobil-Faustkämpfe zu Schlägertypen geworden wären, täuscht sich über den Sinn dieser Spiele. Wir wussten sehr genau, zwischen realer und gespielter Gewalt zu unterscheiden, und es lastete ein schweres Tabu darauf, jemandem wirklich ins Gesicht zu schlagen. Wer es dennoch tat, war stigmatisiert und wurde ausgegrenzt. Es ist bekanntlich nicht die gespielte Gewalt, die wirkliche Gewalt auslöst, sondern die real erfahrene Gewalt, weil sie als Gewalt zurückgegeben wird. Das bedeutete zugleich, dass wir uns nicht nur des spielerischen Charakters unserer Beschäftigungen voll bewusst waren, sondern ebenso verstanden hatten, dass auch im Film alles nur eine Täuschung war, selbst, wenn wir den Grad ihrer Perfektion nicht einzuschätzen wussten.

Der Zusammenfall der Auftritte Winnetous im Fernsehen mit der Verbreitung des neuen Systemspielzeugs war aber noch nicht alles. In meinem Fall kam hinzu, dass meine Eltern einen Schuhladen führten und mir immer leere Schuhkartons zur Verfügung standen. Täglich gab es Kunden, die den Karton nicht mitnahmen. Wie konnten sie nur? Der Schuhkarton war der Baustoff meiner Kindheit: zwei Schnitte in die Längsseiten, ein Haus mit Tür; ein Loch, ein Fenster; ein Schnitt längs durch, zwei lange Wände, braune Striche aufgemalt, eine Palisade. Schuhkartons erschufen Welten auf dem Fußboden, am liebsten Labyrinthe. Sich zu verlaufen reichte aus, Minotauren schadeten aber auch nicht.

So spielte ich die Winnetou-Episoden nach und ließ die Musik dabei laufen. Mittlerweile wusste ich allerdings auch, wie ich mit einem Kassettenrekorder Töne aufnehmen konnte. Zwar fehlten die Bilder, aber die Vorstellung, sämtliche Winnetou-Filme als Tonbandaufnahme zu besitzen, elektrisierte mich. Wie viele Jahre aber sollte es nun wieder dauern, bis sie wiederholt würden? Nachdem zwei Jahre vergangen waren, beschloss ich, die Sache selbst in die Hand zu nehmen. Ich war elf Jahre alt und hatte verstanden, dass das Fernsehen für das Publikum da war und nicht umgekehrt. Wenn das Publikum also sprach, dann musste das Fernsehen auch gehorchen. Meine Stimme allein hatte natürlich kein Gewicht, daher ging ich in der Schule umher und machte eine Unterschriftenaktion. Eine meiner Cousinen half mir dabei, sodass knapp dreihundert Schülerinnen und Schüler mit ihrem Namen das Anliegen unterstützten. Der feierliche Moment war gekommen, diese Liste mit einem Brief an das ZDF zu schicken.

Und dann geschah nichts. Zumindest so lange nichts, bis ich meinen Brief schon fast wieder vergessen hatte. Viele Wochen später kam dann ein großformatiges Schreiben, mein erstes dieser Art und dazu noch mit dem Stempel des Fernsehsenders versehen, der mich stolz machte, bedeutete es doch nichts weniger, als dass das Fernsehen mich für würdig erachtet hatte, auf meinen Brief zu reagieren. Leider erklärte man mir, dass die Wiederholung der Filme derzeit noch nicht absehbar sei, wie zur Beschwichtigung hatte man dem kurzen Brief noch ein paar Programmhefte beigelegt, mit denen ich allerdings wenig anzufangen wusste.

Tatsächlich vergingen weitere Jahre in dieser Chronik meines Begehrens. Jeden Freitag, wenn die neue Fernsehzeitung kam, zog ich mich mit ihr zurück und studierte das Programm in der Hoffnung, die Ankündigung eines Winnetou-Films zu finden. Mitunter behalf ich mich mit Karl-May-Krümeln, die ich mir aus dem Angebot pickte. Meine Erfahrungen mit Fernsehverboten hatten mich allerdings gelehrt, meine Wünsche nicht immer allzu offen auszusprechen. Als ich im Januar 1980 auf einen Film mit Stewart Granger stieß, war ich sofort Feuer und Flamme, denn für mich war er Old Surehand und der Film, er hieß GEFÄHRTEN DES GRAUENS, versprach, die lange Wartezeit ein wenig abzukürzen. Allerdings lief er um 23 Uhr 05, ich war zehn Jahre alt und wusste, dass man mir niemals erlauben würde, so lange aufzubleiben, zumal die Sendezeit bereits für Kinder ungeeignete Inhalte signalisierte. Abgesehen davon gingen meine Eltern um diese Uhrzeit selbst ins Bett – denn «der Schlaf vor Mitternacht zählt doppelt» – und dass ich nachts alleine fernsah, war völlig ausgeschlossen.

Ich behielt meinen Fernsehwunsch also für mich und überlegte, ob es nicht doch einen Weg gab, den Film zu sehen. Meine Zimmertür besaß in der Mitte ein Fenster, durch dessen gerilltes Glas man zwar nicht klar sehen konnte, aber mitbekam, wenn im Flur und im Schlafzimmer meiner Eltern das Licht ausgeschaltet wurde. Ich brauchte also nur abzuwarten, bis es dunkel und ruhig war, um mich heimlich in das Wohnzimmer zu schleichen und den Fernseher einzuschalten. Meine Eltern ließen ihre Schlafzimmertür immer einen Spalt weit offen.

Mein Vorhaben stellte einen klaren Regelverstoß dar, das war mir bewusst. Dann aber sagte etwas in mir, dass ich schon zehn Jahre alt war und dass die Verbote meiner Eltern oft willkürlich schienen oder sogar auf Unwissenheit basierten. Hatte meine Mutter mir nicht kürzlich erst einen Film mit den Beatles verboten – weil sie in den 1960ern in der katholischen Provinz als anrüchig galten –, um ihn dann selbst zu schauen, während ich im Bett darauf wartete, endlich einzuschlafen, und sich später eingestehen zu müssen, dass er völlig harmlos war. Sollte mir jetzt nochmals die Schaulust ohne triftigen Grund verwehrt bleiben? Das würde ich nun selbst verhindern.

Es reichte allerdings nicht, leise zu sein, denn auch die Wohnzimmertür besaß ein Fenster. Wenn also der Fernseher lief, drang dessen blaues Licht in den Flur und durch den Spalt der Schlafzimmertür bis zu meinen Eltern. Aber für dieses Problem hatte ich mir eine ganz besondere Lösung einfallen lassen.

Ich wartete ab, bis meine Eltern nach dem AKTUELLEN SPORTSTUDIO ins Bett gingen. Endlich wurde das Licht ausgemacht. Jetzt musste ich etwas Geduld haben, denn wenn ich mein Zimmer zu früh verließ, war die Wahrscheinlichkeit, entdeckt zu werden, besonders hoch. Es folgten endlose Minuten. Neben meiner Aufregung trieb mich die Ungeduld an, dass der Film bereits begonnen hatte, wie mir ein Blick auf die Leuchtziffern und -zeiger meiner Armbanduhr bestätigte. Diese Uhr hielt ich für modernste Technik, gemacht für Abenteuer und Einsätze wie diesen, die einen dazu zwangen, in der Dunkelheit die genaue Uhrzeit zu haben. Ich harrte noch ein wenig aus und öffnete dann die Tür. Ich hatte gelernt, dass ich mich zunächst gegen sie pressen musste, um beim Herunterdrücken der Klinke kein Geräusch zu machen. Es gelang. Ich zog die Tür weit auf und löste die Klinke wieder. Ich horchte. Es blieb alles still.

Dann nahm ich leise meine Bettdecke auf, knüllte sie zusammen und hob sie hoch in die Luft. In meinem Zimmer lag ein

Teppich, im Flur ein Läufer, meine Schritte würden also unhörbar sein, ich musste nur aufpassen, dass die Decke nicht über den Boden schleifte. Nach wenigen Schritten stand ich vor der Wohnzimmertür und hatte das Glück, dass sie nur angelehnt war. Lautlos trat ich ein, legte die Bettdecke auf den Boden und ging zur Tür zurück, um sie zu schließen.

Bis hierhin war alles ganz leicht gewesen, der schwierige Teil kam jetzt. Wenn man den Fernseher anschaltete, gab es ein kurzes Knacken und es blitzte einmal auf dem Bildschirm auf. Bild und Ton kamen dann jedoch erst verzögert. Diese Zeitspanne wollte ich nutzen, um den Lichtausfall abzuschirmen. Dafür fasste ich die Bettdecke jeweils an den Enden der längeren Seite und warf sie mir über Kopf und Schultern. Dann kniete ich mich vor dem Fernsehen nieder und schaltete ihn ein. Es knackte. Ich rutschte so nah wie möglich heran, streckte meine Arme aus und bildete eine Art Zelt vor dem Bildschirm in der Hoffnung, dass kein Licht darüber hinausdringe. Den Ton hatte ich vorher ganz heruntergedreht und versuchte nun vorsichtig, ihn minimal wieder aufzudrehen. Es klappte, allerdings hatte ich wenigstens eine halbe Stunde des Films verpasst. Das war aber nicht der einzige Grund dafür, dass es mir schwerfiel, mich auf die Handlung zu konzentrieren, denn zugleich horchte ich stets darauf, ob es Geräusche in der Wohnung gab. Erst jetzt dachte ich zum ersten Mal über die Konsequenzen nach, die es haben könnte, wenn meine Eltern mich hierbei ertappten. Dann versuchte ich, mich wieder auf Old Surehand zu konzentrieren, allerdings hatte Granger hier eine andere Synchronstimme, trug dazu auch noch einen Bart, und statt Karstlandschaften gab es schneebedeckte Matten und Berge. Die Arme wurden mir schwer, die Knie begannen zu schmerzen. Es kam aber gar nicht infrage, abzubrechen, ich hielt bis zum Ende des Films durch, schaltete dann den Apparat aus und schlich mich wieder in mein Zimmer zurück. Es war geglückt. Der Film sollte zwar keinen bleibenden Eindruck hinterlassen, bescherte mir aber immerhin das Hochgefühl, dass meine List erfolgreich gewesen war.

Leider wurde jedoch keine Gewohnheit daraus, denn schon beim nächsten Mal wurde ich von meinem Vater erwischt. Erstaunlicherweise hatte es jedoch keine Konsequenzen, erstaunlich deshalb, weil meine Mutter mir gerne mit väterlicher Autorität drohte. Er aber schickte mich einfach nur ins Bett und hob dabei noch nicht einmal seine Stimme. Mein Vater war ein schweigsamer Mensch, so wie viele Väter seiner Generation, die kaum je ein persönliches Gespräch mit ihren Söhnen führten. Dieses distanzierte Verhältnis, das äußerlich eher einem Amt als einer emotionalen Bindung ähnelte, war mit 1968 keineswegs überwunden worden, schon gar nicht in der Provinz, wo sich die Veränderungen erst mit Verzögerung bemerkbar machten. Ich weiß daher nur wenig über ihn, wenn man von den beobachtbaren alltäglichen Rhythmen und Beschäftigungen absieht. Es gibt allerdings eine Geschichte – obwohl das Wort Geschichte schon fast übertrieben ist – die vielleicht erklärt, warum er auf meinen Verstoß so nachsichtig reagierte. Mein Vater liebte Western. Er gestand dies zwar nie offen ein, aber es war an seinen Fernsehgewohnheiten und an seiner merklichen Vorfreude eindeutig zu erkennen, dass es die einzige fiktionale Gattung war, die ihn bewegte. Wir guckten die Vorabendserien BONANZA und RAUCHENDE COLTS und auch von den klassischen Western ließen wir keinen aus. Ich spürte, dass die Figuren von John Wayne ein männliches Ideal für ihn verkörperten; es gab allerdings nur einen einzigen Film, der einen Kultstatus für ihn besaß, und zwar ZWÖLF UHR MITTAGS mit Gary Cooper. Als er in der Zeitung angekündigt wurde, kommentierte er dies und erwähnte dabei, wie er mit einem Nachbarsjungen heimlich Filme im Kino von gegenüber gesehen hatte. Die älteren Häuser im Zentrum unserer Kleinstadt standen nicht zusammen, sondern waren durch schmale Gassen getrennt, die zur Straße hin meist durch Holztüren abgeriegelt waren. Mithilfe der Dachrinne, des Blitzableiters oder einfach mit der Räuberleiter war es ein Leichtes, hinüber zu kommen. Die Gasse zwischen dem alten Kino und dem Nachbarhaus kam nicht einmal auf einen Meter Breite. Einmal dort angekommen, konnte man sich also an beiden Seiten abstützen und langsam in die Höhe steigen bis zu einer Lüftung, durch deren Lamellen man schräg auf die Leinwand sehen und auch den Ton ansatzweise hören konnte. Auf Details ist mein Vater zwar nicht eingegangen, aber ich stellte mir vor, dass es nicht gerade bequem war, auf diese Weise Filme zu schauen, wollte aber glauben, dass sie verbissen durchhielten. Wenn mein Vater ZWÖLF UHR MITTAGS auf diese Weise gesehen hatte, so war er allerdings schon 16 gewesen. Wie dem auch sei, vielleicht erinnerte er sich an den abenteuerlichen und aufregenden Blick durch die Lüftung, als er mich mit ausgebreiteter Bettdecke vor dem Fernseher knien sah, und sich für einen Augenblick in mir selbst wiedererkannte und gehemmt war, mit mir zu schimpfen oder mich gar zu bestrafen.

Nachdem ich mir den Drehort am Žurkovo-Strand angesehen hatte, wo es nicht mehr viel zu sehen gab, weil sich auf der Fläche, wo im SCHATZ IM SILBERSEE die Tramps lagern, heute ein Parkplatz befindet, gehe ich zum Wasser hinunter und setze mich auf eine Bar-Terrasse mit Blick auf das Meer. Jemand stellt mir einen Kaffee hin, ich gieße etwas Milch ein, rühre darin herum und blicke versunken in den weißen Wirbel meiner Tasse, bis das Getränk eine einheitliche bräunliche Farbe angenommen hat. Die anekdotische Episode mit meinem Vater hat eine andere Erinnerung freigelegt, die offenbar darunter verborgen lag, zumindest hatte ich während meiner Reise kein einziges Mal daran gedacht. Sie hat mit meiner Mutter zu tun, aber anekdotisch ist sie nicht. Zugetragen hat sie sich ungefähr zur selben Zeit. Ich war stolzer Besitzer der Karnevalswinchester geworden und nahm sie nachts mit ins Bett, um wie Old Surehand mit dem Gewehr im Arm zu schlafen. Ich merkte jedoch bald, dass dies meiner kindlichen Nachahmungslust nicht reichte, denn ich lag auf einer weichen Matratze, während der Westmann auf dem Boden schlief wie am Anfang von DER ÖLPRINZ. Warum zog ich nicht einfach mit Kissen und Decke in den Flur um? Dort war der Boden kalt und hart, und das war deutlich mehr Wildnis als in meinem Kinderbett. Das Schlafzimmer meiner Eltern befand sich neben meinem, ich erhob mich und legte mein Ohr an die Wand. Es war alles still. Daraufhin öffnete ich vorsichtig die Tür, auch hier alles ruhig. Ich hielt Kissen und Decke hoch, damit sie nicht über den Boden schleiften, legte sie dann vorsichtig hin und bettete mich darin. Der Boden drückte hart gegen meine Knochen, aber das würde ich schon aushalten, dachte ich. Dann ging im Schlafzimmer meiner Eltern das Licht an, ich schreckte hoch und wurde von meinem Vater wieder in mein Bett vertrieben. Doch so leicht ließ ich mich nicht unterkriegen, ich wartete ein wenig ab und startete einen neuen Versuch. Mit demselben Ergebnis. Beim dritten Mal dann schoss meine Mutter aus dem Zimmer, an ihren hektischen Bewegungen merkte ich, dass es nun ernst wurde. Ich hatte kaum reagieren können, da riss sie mir mit lautem Geschimpfe das Gewehr aus dem Arm, ergriff es mit beiden Händen am Lauf, holte aus und schlug mit dem Kolben heftig auf mich ein. Nicht nur, dass ich mich mit den Armen vor diesem plötzlichen Ausbruch tatsächlicher Gewalt zu schützen versuchte, ich brach zugleich in ein hysterisches Gelächter aus, um meine Würde zu verteidigen, ganz so, als könnten mir die Schläge nichts anhaben. Dennoch zog ich mich in mein Zimmer zurück, wo ich dann auch verblieb. Am nächsten Morgen inspizierte ich meine Winchester: Der Plastikkolben war gebrochen und hing nur noch an einem schmalen Stück. Mir blieb nichts anderes übrig, als die Bruchstellen mit Tesafilm zu verkleben. Es war aber nicht wiedergutzumachen.

Ich setze die Tasse an den Mund und blicke aufs Meer. Vielleicht hatten mich diese Schläge nicht nur räumlich in mein Kinderzimmer gejagt, vielleicht hatte mich jeder Einzelne ein Stück tiefer in die Jagdgründe der Fantasie vertrieben. Einen für Old Surehand, einen für Old Shatterhand, einen für Winnetou. Vielleicht hatten sie mich zum Ritter von der träumenden Gestalt geschlagen. Und vielleicht waren sie der Grund, warum ich nicht davon ablassen konnte und vierzig Jahre später nach Kroatien fuhr. Rosebud.

Epilog
Der letzte Angriff auf Butlers Farm

Im August 1981 lief endlich wieder DER SCHATZ IM SILBERSEE im Fernsehen. Weihnachten fühlte sich nicht anders an. Als es so weit war, platzierte ich den Kassettenrekorder nah am Lautsprecher und hielt mich bereit. Zum Glück dauerten die Filme exakt 90 Minuten – das Fernsehen schnitt sie radikal auf dieses Format zusammen – und passten genau auf eine Kompaktkassette. Man musste sie allerdings nach 45 Minuten blitzartig umdrehen, um die andere Seite zu bespielen. Während der Aufnahmen hatte absolute Ruhe zu herrschen, eine heilige Stille. Das Bellen unseres Hundes, ein Klingeln an der Tür, ein Telefonanruf, das waren kleine Katastrophen, die mich aus meiner Euphorie rissen; und ich zerbrach mir den Kopf darüber, wie man sie fortan verhindern konnte, damit sie sich nicht für immer und ewig in die Reinheit der sakralen Klänge mischten, sie verfälschten oder schlimmer noch parodierten. Ein Schusswechsel, Galoppieren über die Prärie, ein Wiedersehen auf Felsenhöhen und dazu das Klingeln eines Telefons, das brach den heiligen Ernst, den ich dabei fühlte.

Wenn die Aufnahme beendet war, schnitt ich feierlich die Anzeige des Films aus der Fernsehzeitung aus. Das tägliche Programm wurde doppelseitig dargestellt, rechts das gesamte Angebot, chronologisch geordnet in drei Spalten, auf der linken Seite wiederum sechs herausragende Sendungen, die mit Bild und einem kurzen Text vorgestellt wurden. Die Winnetou-Filme waren immer darunter. Diesen Kasten mit Bild schnitt ich aus, trennte die Titelzeile ab, nahm die beschreibbare Einlage aus der Kassettenhülle und klebte den Titel auf die schmale Seite, die man bei Büchern Buchrücken nennt. Dann schnitt ich Text und Bild so zu, dass sie auf die Schreibfläche passten, Reste klebte ich auf die Innenseite. Für die Flächen nutzte ich einen Klebestift, die Ränder verschloss ich mit Tesafilm. Jeden Monat ein Film, jeden Monat eine Kassette. Das zog sich wieder über fast sieben Monate hin, bis ich alle kanonischen Titel aufgenommen hatte.

Wie bei allen Heiligtümern genügte es mir, die Reihe der sieben Kassetten auf dem Ehrenplatz im Regal zu betrachten und geistig vor ihnen niederzuknien. Anders als bei kollektiven Anbetungen kam das Gefühl hinzu, dass sie mir gehörten und dass ich sie «gemacht» hatte. Sie waren zwar im Fernsehen gelaufen, aber ich hatte sie mir angeeignet, und ein Teil von mir war mit ihnen verbunden. Es war wenig verwunderlich, dass ich die Dialoge aller Filme bald mehr oder weniger auswendig wusste. Von den Erwachsenen wurde meine Verehrung als kindliche Manie wahrgenommen, und es amüsierte sie, mich Dialoge nachspielen zu lassen. Den größten Erfolg hatte ich mit einer Szene aus OLD SUREHAND. Dabei kommt der Titelheld in einen Saloon, nachdem er gerade einen Banditen erledigt hat. Als ein anderer Gast ihn einen Mörder nennt, geht Surehand an einen

Pokertisch, wo die eigentlichen Schurken hocken, und beginnt folgendermaßen:

Surehand: «Der Mann hatte es verdient. Er war nämlich ein Verbrecher. Guten Abend!»

Erzschurke am Tisch: «Und Verbrecher müssen bestraft werden.»

Surehand: «Sieh mal an. Darf man wissen, wer hier so vernünftige Ansichten hat?»

Erzschurke: «Mein Name ist O'Neal. Jack O'Neal. Ich bin in Mason City, weil meine Firma die Absicht hat, hier Land zu kaufen.»

Surehand: «Womit handelt Eure Firma?»

Erzschurke: «Mit Waffen und Maschinen.»

Surehand: «Sinnige Kombination, Mister, Vernichtung und Wiederaufbau.» Dann wendet sich Surehand an einen mit ihm befreundeten Spieler am Tisch, der von den Banditen in eine Falle gelockt werden soll: «Hey, Ihr wolltet doch noch zum Richter gehen.»

Freund: «Wozu denn die Eile? Morgen ist auch noch ein Tag.»

Surehand: «Sagte die Eintagsfliege und war am nächsten Tag tot.»

Freund: «Das sind doch alles Gentlemen hier.»

Surehand: «Gentlemen?» Daraufhin zieht Old Surehand einem Mitspieler eine Karte aus dem Ärmel. «Aha», sagt er und pfeift bewundernd, hebt sie in die Höhe und fragt: «Und was ist das?

Erzschurke zum Mitspieler: «Das ist ja ungeheuerlich. Ihr seid ein Betrüger.»

Hier brach ich ab, nicht nur, weil darauf eine Saloonschlägerei folgte, sondern zuvorderst, weil mit dem Wort «ungeheuerlich» die Begeisterung des Publikums ihren Höhepunkt erreicht hatte. Gewiss hatte man meiner Darbietung nur bedingt folgen können, aber die Erwachsenen ergötzten sich nicht an der Szene selbst, sondern an dem kauzigen Kind, das die neunmalklugen Sprüche Old Surehands nachbetete, englische Namen und Wörter imitierte und seltene Vokabeln wiederkäute. Dass ich mich dabei auch selbst inszenierte, war mir nicht unbewusst, wichtiger war jedoch mein missionarischer Eifer und Ernst darin, die Großen an meinem Schatz teilhaben zu lassen, einen Schatz, den ich sonst nur für mich hatte.

Denn täglich hob ich ihn neu, indem ich Spiel und Ton synchronisierte, also Figuren parallel zum Ton mitspielen ließ. Ich träumte davon, einen ganzen Film nachzustellen, aber das war logistisch in meinem kleinen Zimmer kaum möglich und hätte einer ernsthaften Planung bedurft, zu der ich damals nicht fähig war. Ich begnügte mich also mit dem Traum, der an sich schon süß genug war. Also spielte ich nur geeignete Episoden nach, die wichtigste darunter der Angriff auf Butlers Farm aus dem SCHATZ IM SILBERSEE, mit zwanzig Minuten die längste Spannungseinheit des Films, gegliedert in ein Wettrennen zwischen Guten und Bösen darum, wer zuerst an der Farm ist, einem ersten Schusswechsel, dann die Gefangennahme von Peterson und seiner Tochter Ellen, ihre Befreiung durch Old Shatterhand und Fred durch einen Geheimgang, dem Großangriff in verschiedenen Phasen, die im Öffnen der Tore gipfeln, und schließlich die erlösende Rettung durch Winnetou an der Spitze der Osagenkrieger, abgeschlossen durch die Unterarmbegrüßung der Blutsbrüder.

Die Wiese mit Butlers Farm war einst der Teppich in meinem Zimmer gewesen, und dort hatte ich den Angriff immer und immer wieder nachgespielt, so oft, dass ich die Dialoge ebenso wie die Abfolge der Geräusche auswendig kannte und meine Figuren genau darauf abstimmen konnte. Aber es gab sie wirklich, im Hinterland von Rijeka, wo ich einige Zeit herumfuhr, bis ich sie schließlich in einem Seitental bei Grobnik fand. Sie liegt in einem militärischen Übungsgebiet und kann nicht betreten werden. Ich konnte daher nur von einem Aussichtspunkt einen Blick auf sie werfen. Da lag sie grün, fern und unerreichbar. Dort waren die Heroen meiner Kindheit einst entlang geritten, und ich es hatte es unzählige Male nachgespielt, war mitgeritten. Für einen Augenblick schien die grüne Ebene die Kindheit selbst zu sein, genauso wie diese aus allen Bergen, Felsen und Schluchten widerhallte, die ich auf meiner Reise besucht hatte.

Aus einer Suche nach Drehorten in einem fremden Land war somit eine Rückkehr geworden. Selbst in den entlegensten Winkeln am Tulove Grede hatte ich mich wie Zuhause gefühlt. Nur auf den ersten Blick hatte ich Bilder gesucht, eigentlich war ich einer inneren Stimme gefolgt, die jeden Tag etwas lauter gerufen hatte. Und als Antwort stand ich nun hier und blickte auf diese Wiese hinunter. Ob das Rufen von nun an verstummen würde? Vergangenes war noch einmal in Leidenschaft aufgeflammt wie ein unverhofftes Wiedersehen, eine alte Liebe, eigentlich ausgelebt und beinahe vergessen, war überraschend wieder auferstanden. Sollte sie sich beim letzten Blick auf die Wiese nun endgültig verzehren wie ein brennendes Papier, das hell aufscheint und dann mit einem Schlag verascht, sich in kleinste Partikel auflöst und verfliegt?